50
dibujos de
crías de
animales

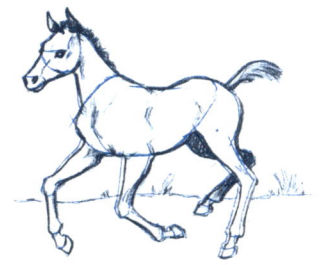

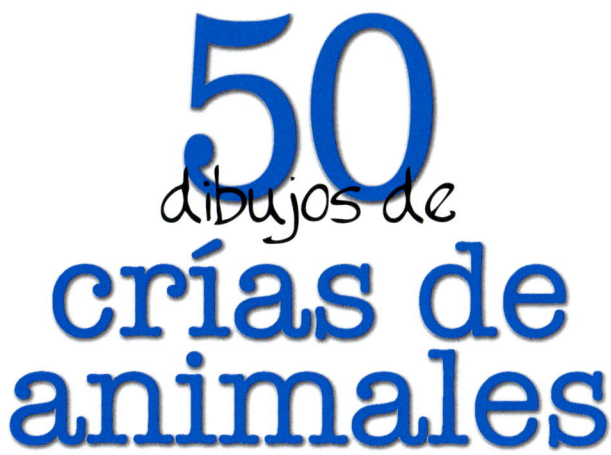

50 dibujos de crías de animales

Aprender a dibujar paso a paso
gatitos, corderitos, cachorros de león
y otras adorables crías de animales

Lee J. Ames

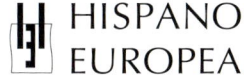

HISPANO
EUROPEA

En memoria de Kenneth Zak, maravilloso marido,
padre e hijo, hermano y gran amigo.

Echamos mucho de menos su amable sonrisa,
su gran corazón y su inmenso sentido del humor...
Siempre lo llevaremos en el corazón.

Un día, el editor para el que trabajaba me solici-
tó que escribiese un libro. "Yo dibujo, hago ilustraciones y pinto, pero no sé escribir", le respondí.
"Ahora no tenemos ningún libro para ilustrar, así
que si quiere continuar trabajado para nosotros
¡escriba uno!", exclamó tajantemente. "Bueno",
dije y, al cabo de unos meses, había creado un
librito que, ante mi gran sorpresa, funcionó bien.
Ése fue el principio.

Así, publicamos *50 dibujos de animales*, el primer
título de esta serie, al que siguieron muchos más,
como este *50 dibujos de crías de animales*.

Estamos muy agradecidos a todos los que
habéis hecho que estas obras sean tan populares.
Entre las muchas recompensas que hemos obteni-
do, la más relevante ha sido quizás la de oír a
muchos bibliotecarios decir que la serie 50 Dibujos
había atraído a las bibliotecas a muchos adolescen-
tes que no las habrían frecuentado de otro modo.

Lee J. Ames

Nota del autor

Al lector

Algunos consejos para utilizar y apreciar este libro:

Hay que tratar a todas las crías con amor y ternura, ya que tienen pocas semanas de vida.

Para empezar, sólo vas a necesitar una hoja de papel en blanco y un lápiz (HB o nº2). También hay que tener siempre una goma a mano. Después, tienes que elegir la cría que quieres dibujar y, sin calcar y con dedicación, reproducir el dibujo de la primera etapa, estudiando la fase terminada del modelo elegido, para ver si el primer boceto es correcto. Además, hay que comprobar que los primeros trazos no sean demasiado pequeños para que el dibujo final no quede minúsculo ni tampoco demasiado grande, ya que debe caber en la página. A continuación, siempre paso a paso, debes prestar atención a los trazos y también a los espacios entre trazos. Hay que recordar que las primeras etapas son las que requieren mayor atención, puesto que un error en este nivel puede destrozar el conjunto.

Durante tu trabajo, te será muy útil tener el dibujo delante de un espejo. A veces el espejo muestra que el dibujo está distorsionado en un sentido que no habíamos percibido.

Al ir avanzando verás que puede que el dibujo quede demasiado oscuro. Aquí es cuando la goma entra en juego. Se pueden aclarar los trazos demasiado oscuros sencillamente pasando la goma por encima.

Al llegar a la última etapa, conviene que termines el dibujo con trazos de lápiz firmes y precisos. Ya estará terminado. Aún así, puedes repasarlo con tinta china, aplicada con pluma o pincel fino, y, una vez seco, puedes borrar todos los trazos de lápiz del papel.

Tienes que recordar siempre que, aunque los primeros esbozos no te salgan muy bien, debes continuar intentándolo sin desanimarte. La práctica y la paciencia son necesarias para mejorar. Tienes que saber que muchas veces me he pasado más de una hora para hacer un dibujo para mi libro antes de estar satisfecho con el resultado.

Espero que disfrutes mucho dibujando estas crías de animales y no olvides que son pequeños, así que ¡tienes que tener mucha paciencia con ellos!

Lee J. Ames

A los educadores

"¡Francisco ha dibujado la cría de oso polar más bonito que yo haya visto nunca!" Se trata sin duda de un elogio estimulante. Los métodos contemporáneos de enseñanza de las técnicas artísticas (libertad de expresión, experimentación y autoevaluación de competencias y madurez) permiten un enfoque interesante que deberíamos apreciar.

Sin embargo, las ideas nuevas no deben excluir totalmente a las ya comprobadas. Una de ellas es el "Sígueme paso a paso". En mi juventud, este método era tan corriente y tan frecuentemente exclusivo, que el estudiante era meramente una extensión pantográfica de su profesor. No obstante, se aplicó de manera exagerada.

Esto no significa que una mano joven no deba ser guiada nunca. Al contrario, la guía específica es fundamental. El método paso a paso que produce resultados satisfactorios es precioso, aunque los medios para llevarlo a cabo no sean comprendidos completamente por el alumno.

Al músico aprendiz se le enseña frecuentemente a tocar en seguida melodías muy sencillas con su instrumento, antes de aprender la teoría elemental de la música. La autosatisfacción y el orgullo consiguientes pueden ser medios importantes para fomentar la motivación. Y todo ello por imitación del maestro, con el lema de "Haz como yo..."

La imitación es indispensable para el desarrollo de la creatividad. Aprendemos a utilizar nuestros utensilios por imitación y, una vez adquirida maestría, podemos ser creativos. A este efecto, ofrezco al futuro artista la posibilidad de memorizar o de imitar la "fabricación de dibujos", de ilustraciones que, más de una vez, ha soñado que podría realizar.

Todos aquellos que desean progresar deberían utilizar esta obra hasta el punto de que un amigo pudiera decir: "Francisco ha dibujado cría de oso polar más bonito que yo haya visto nunca".

Lee J. Ames

Índice

Crías de animales terrestres

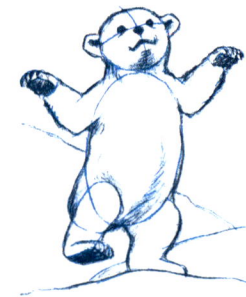

Crías de animales acuáticos

Crías de aves

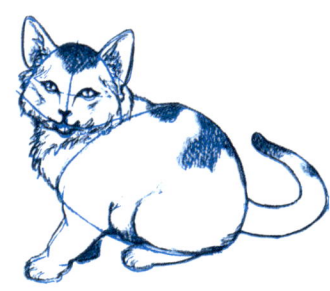

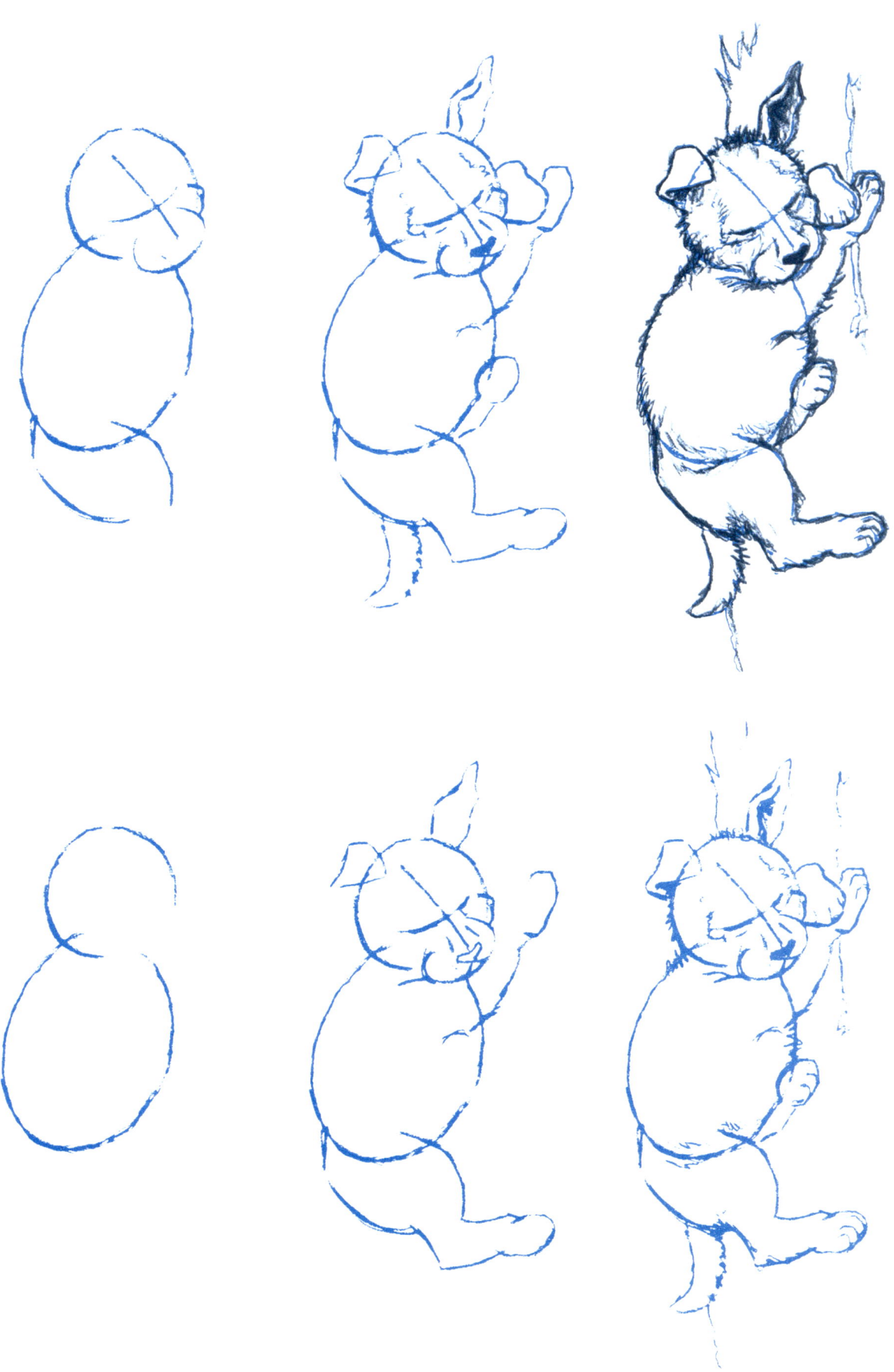

13 Cachorro de perro

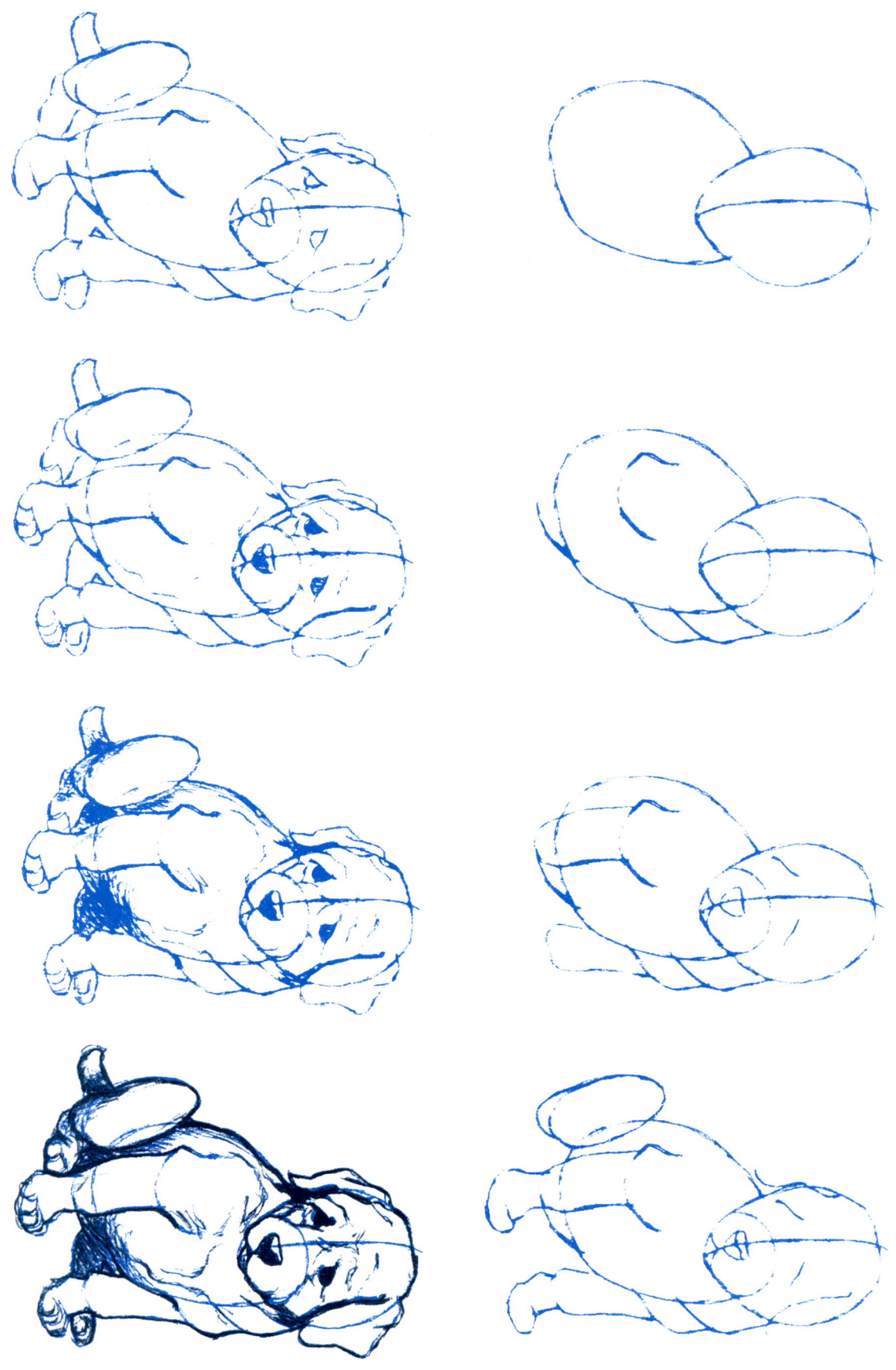

14 Cachorro de perro

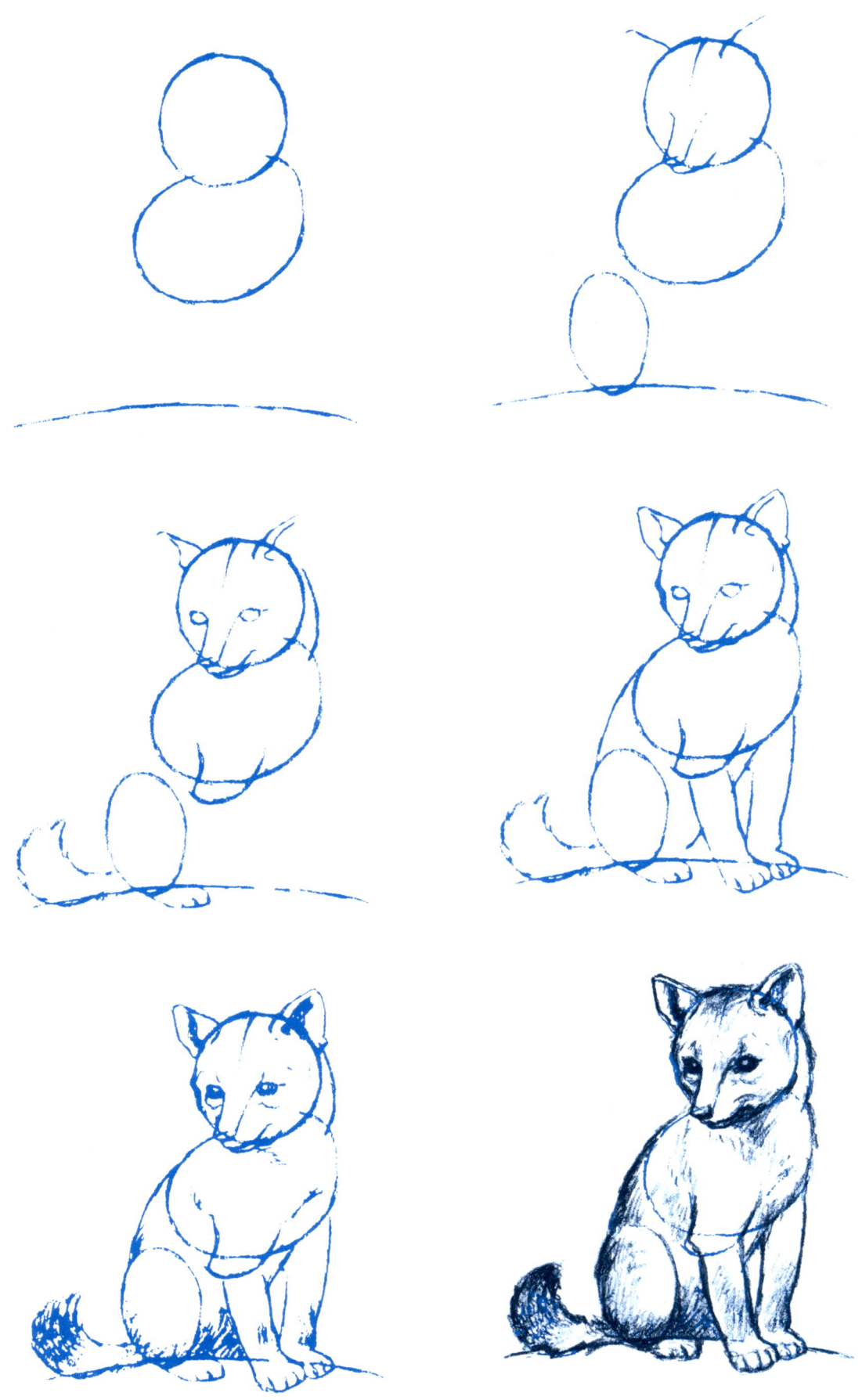

15 Cachorro de zorro

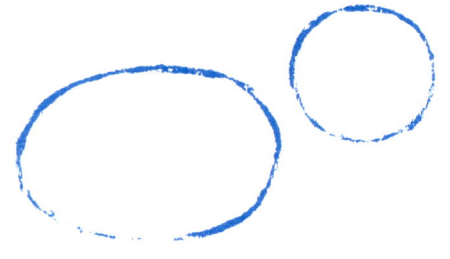
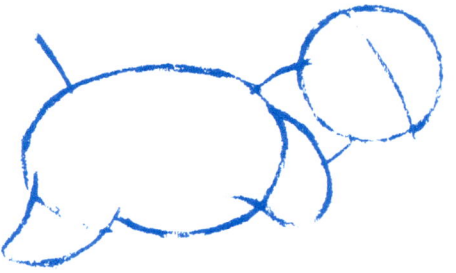
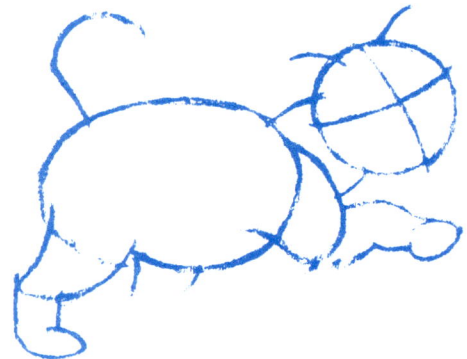
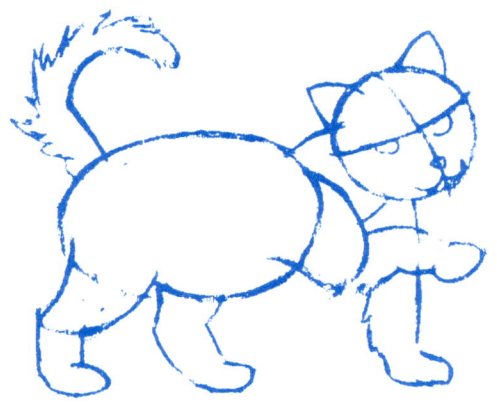
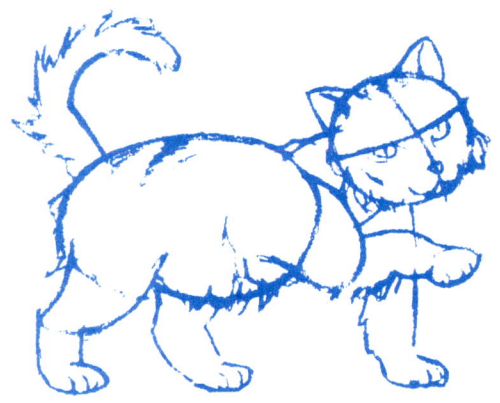
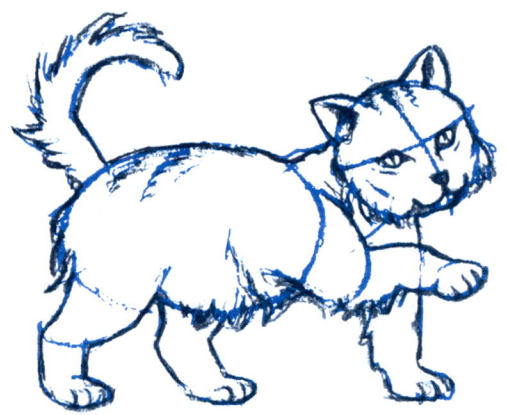

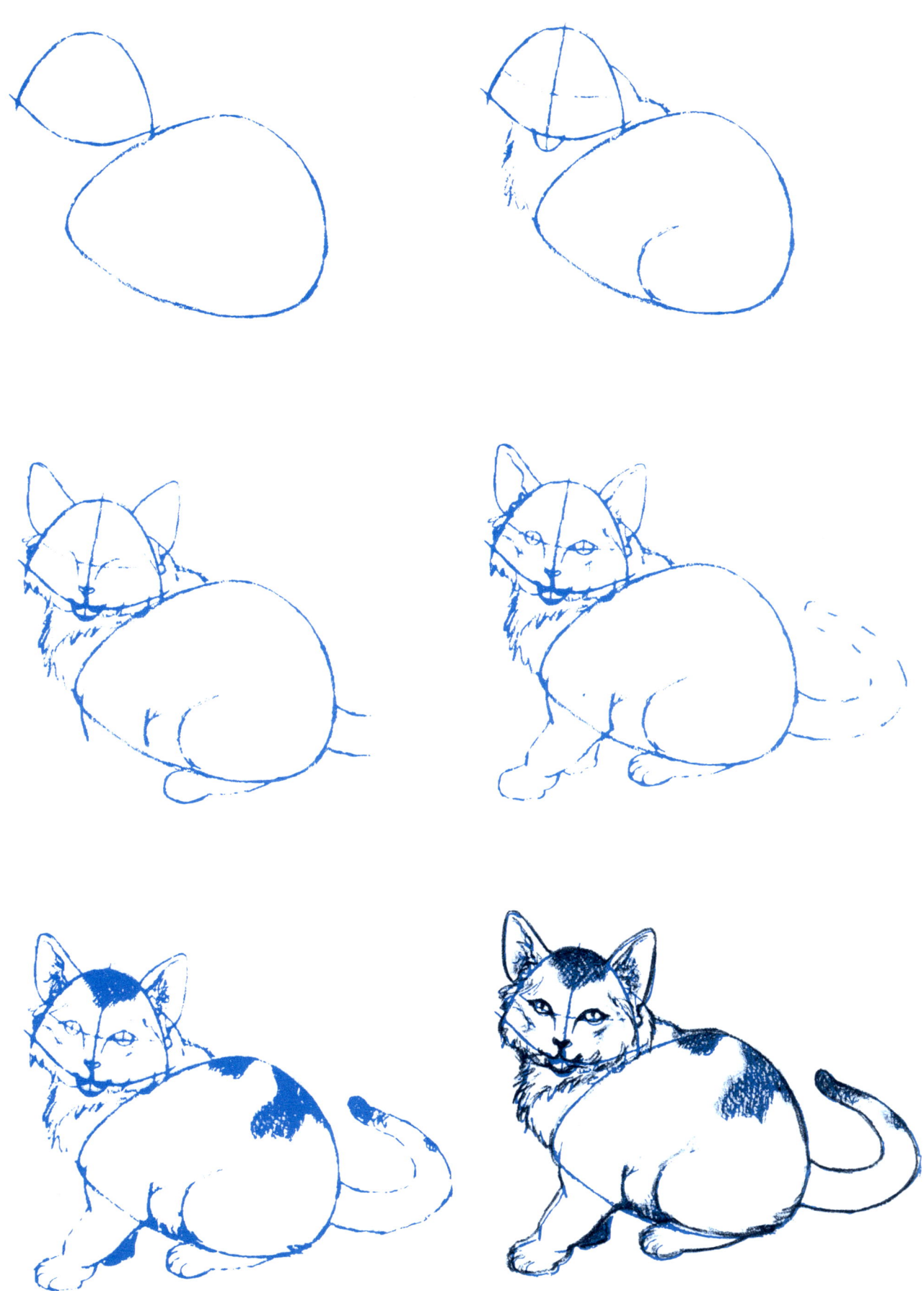

17 Gatito

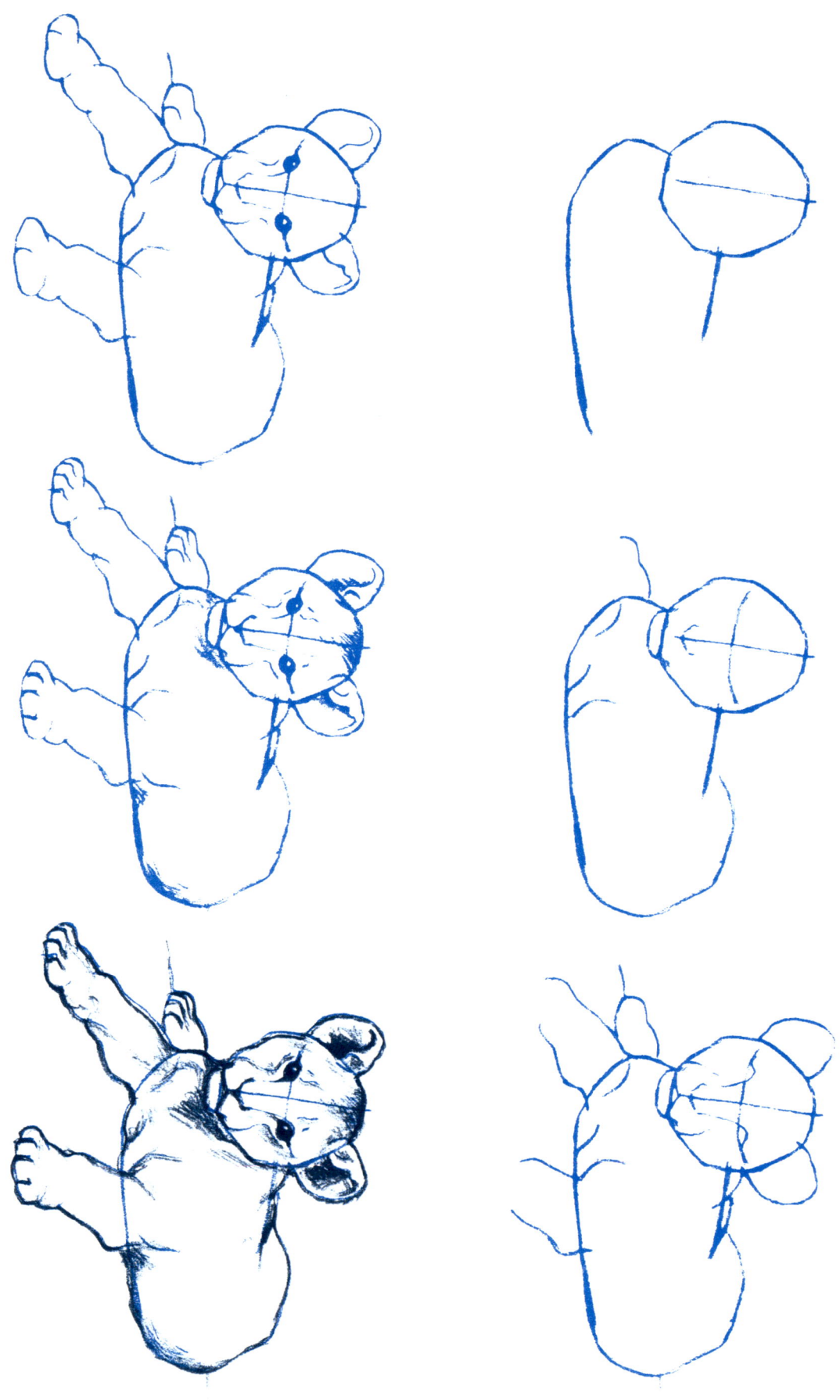

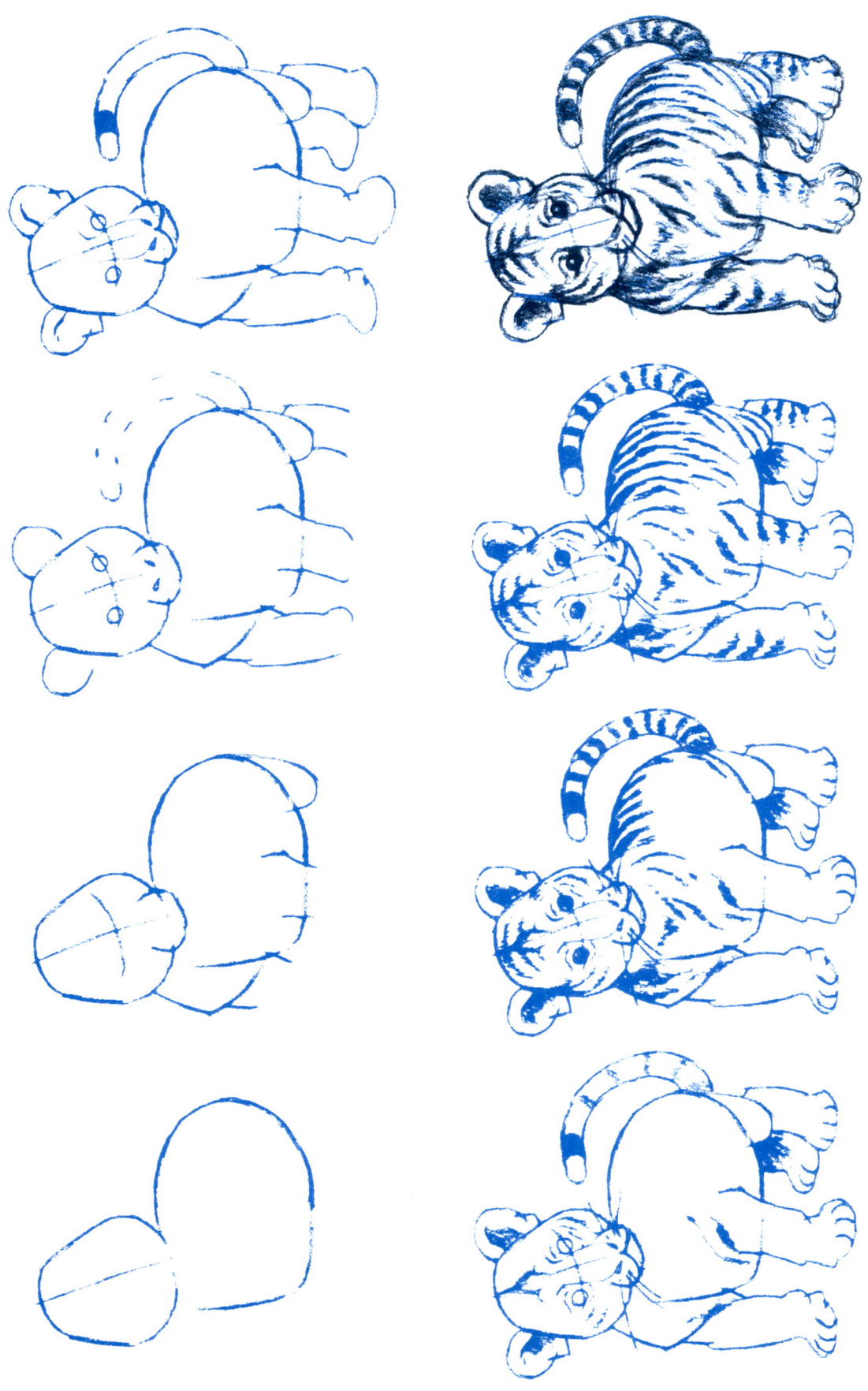

19 Cachorro de tigre

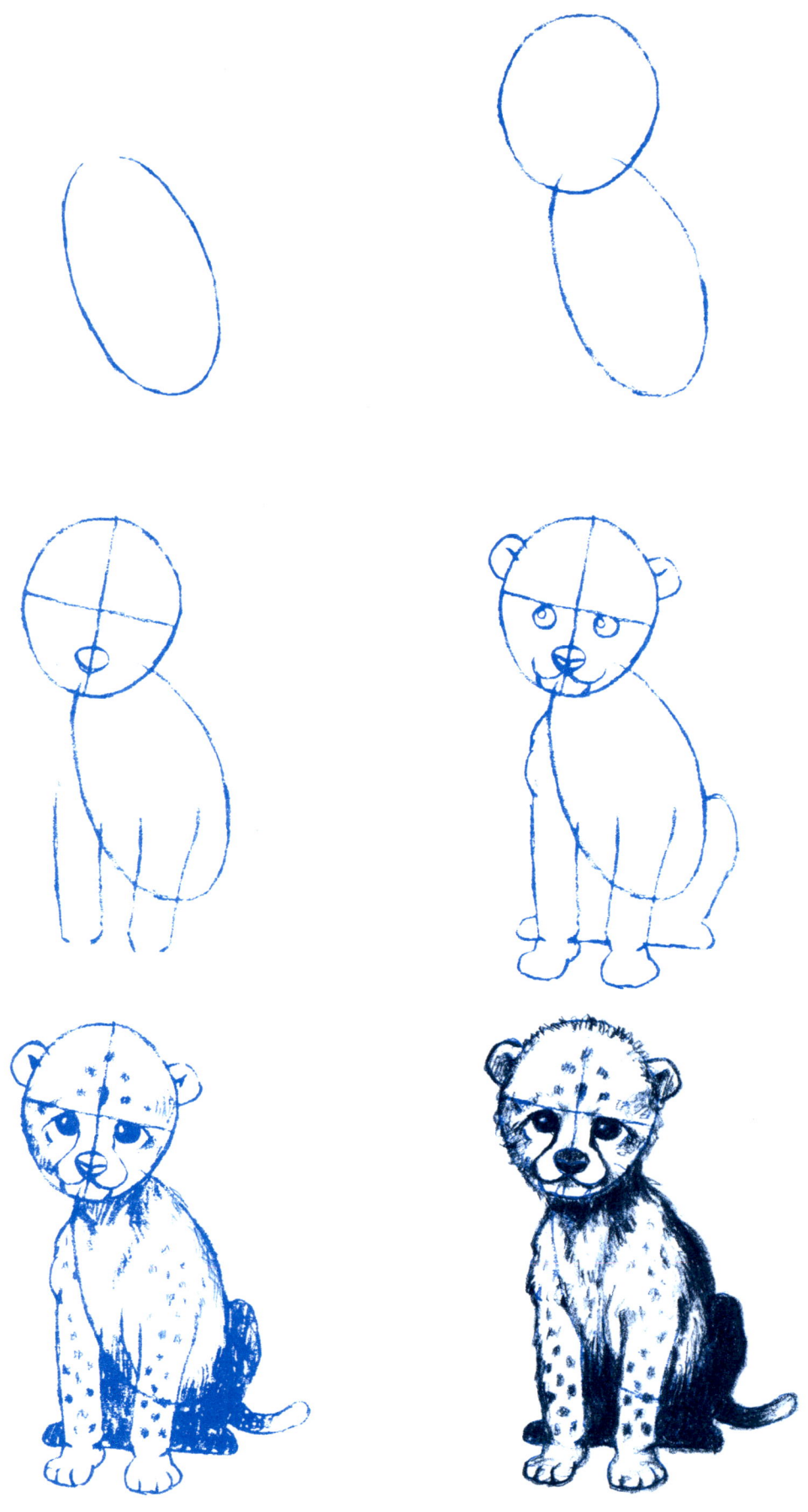

20 Cachorro de guepardo

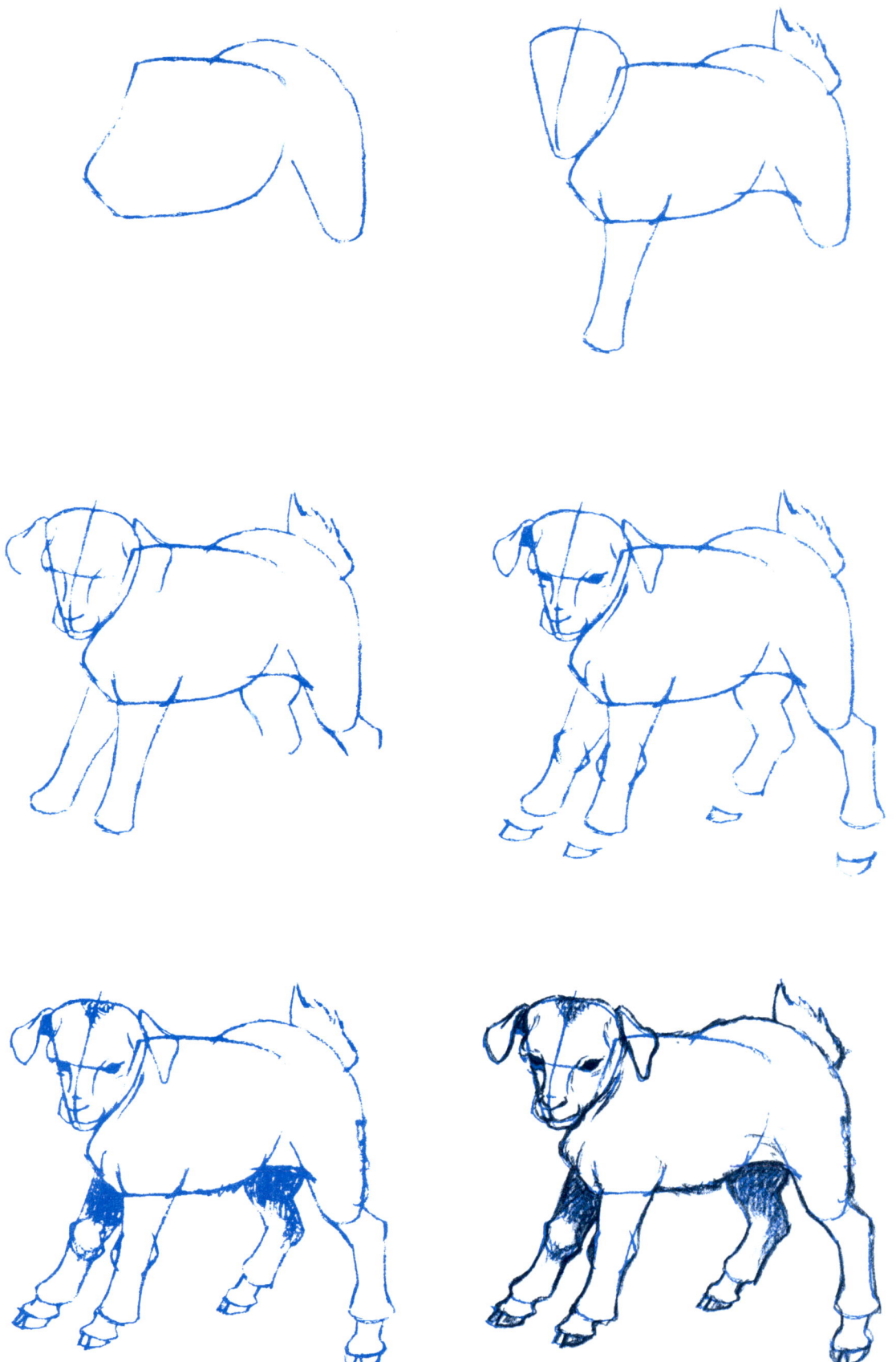

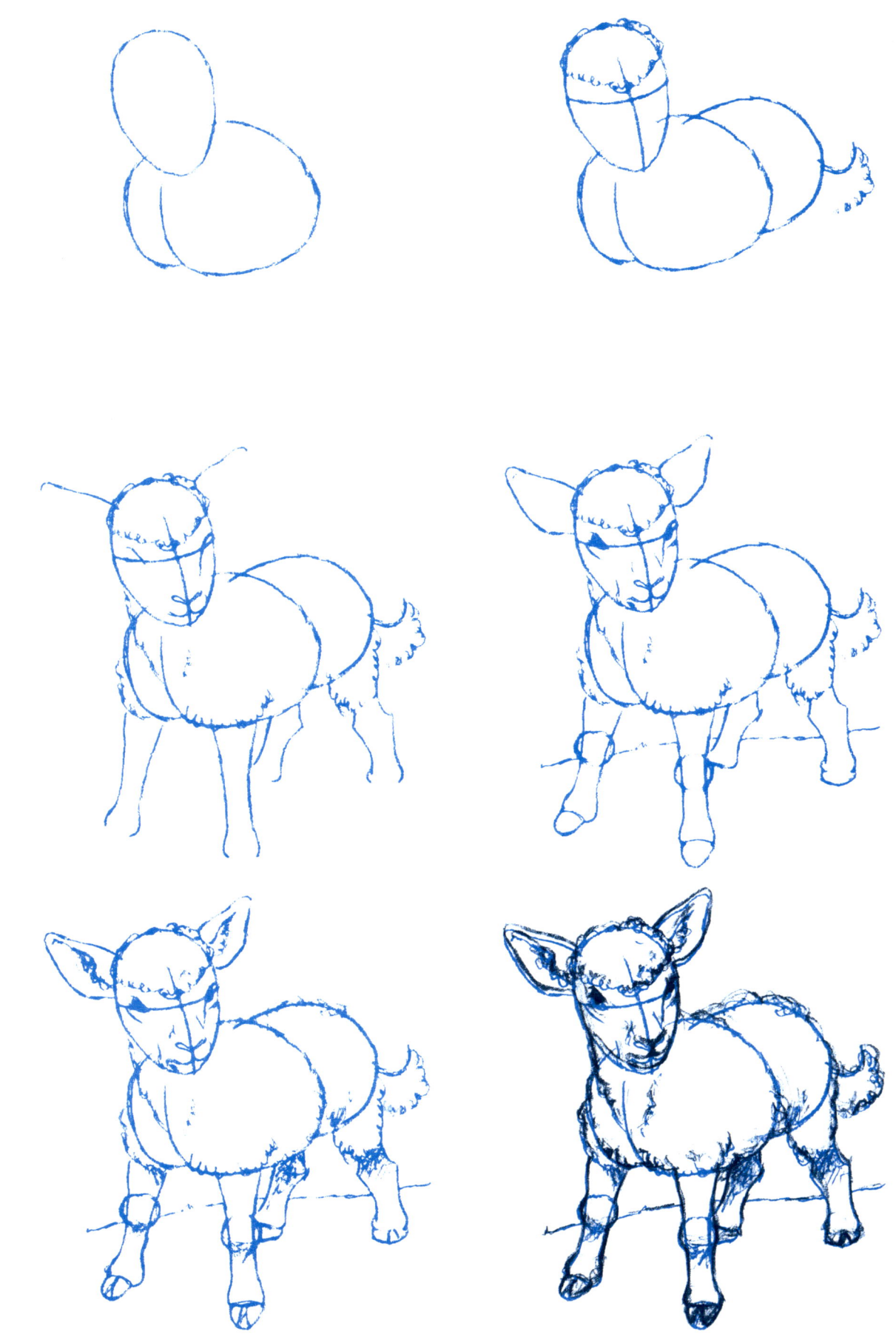

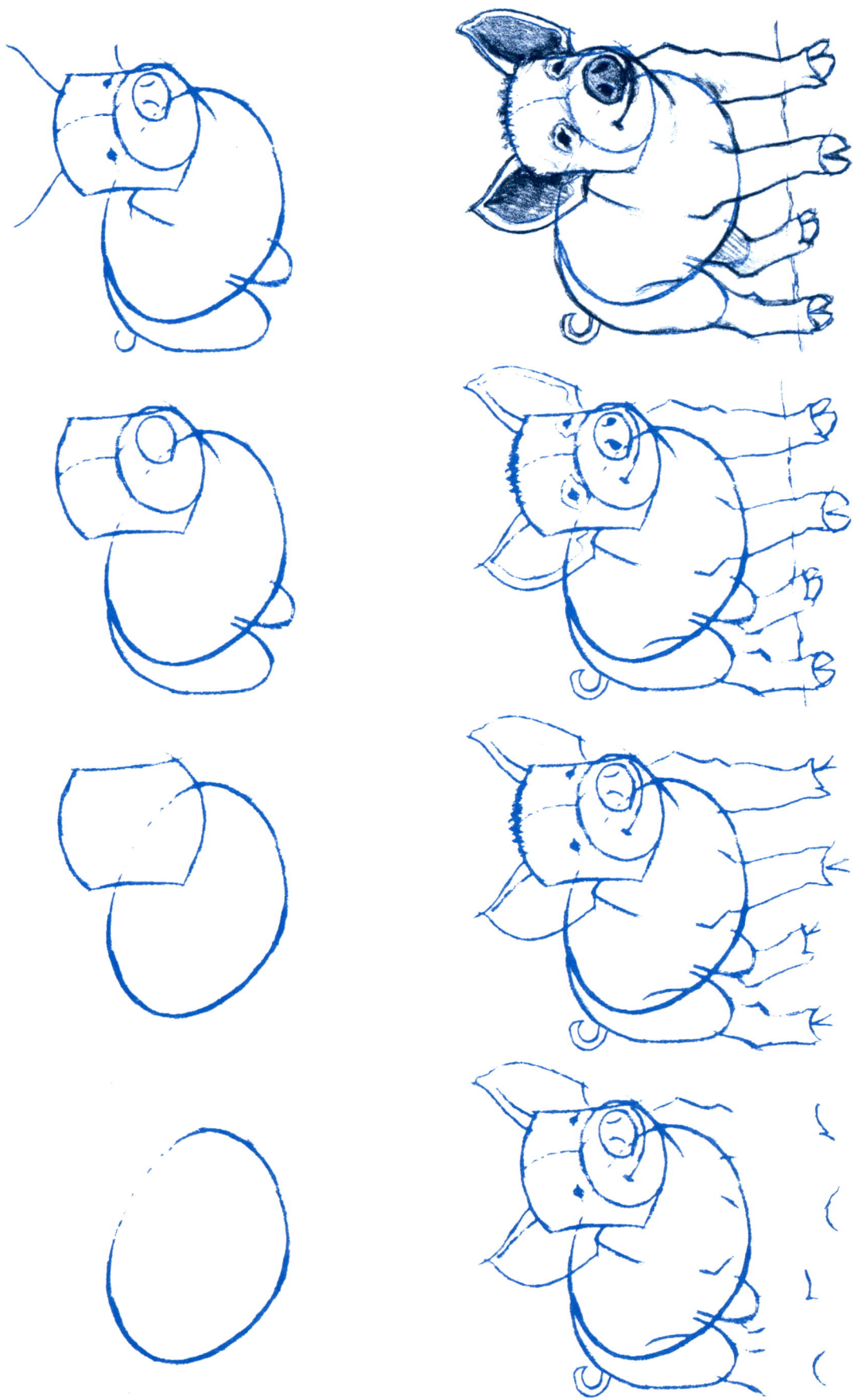

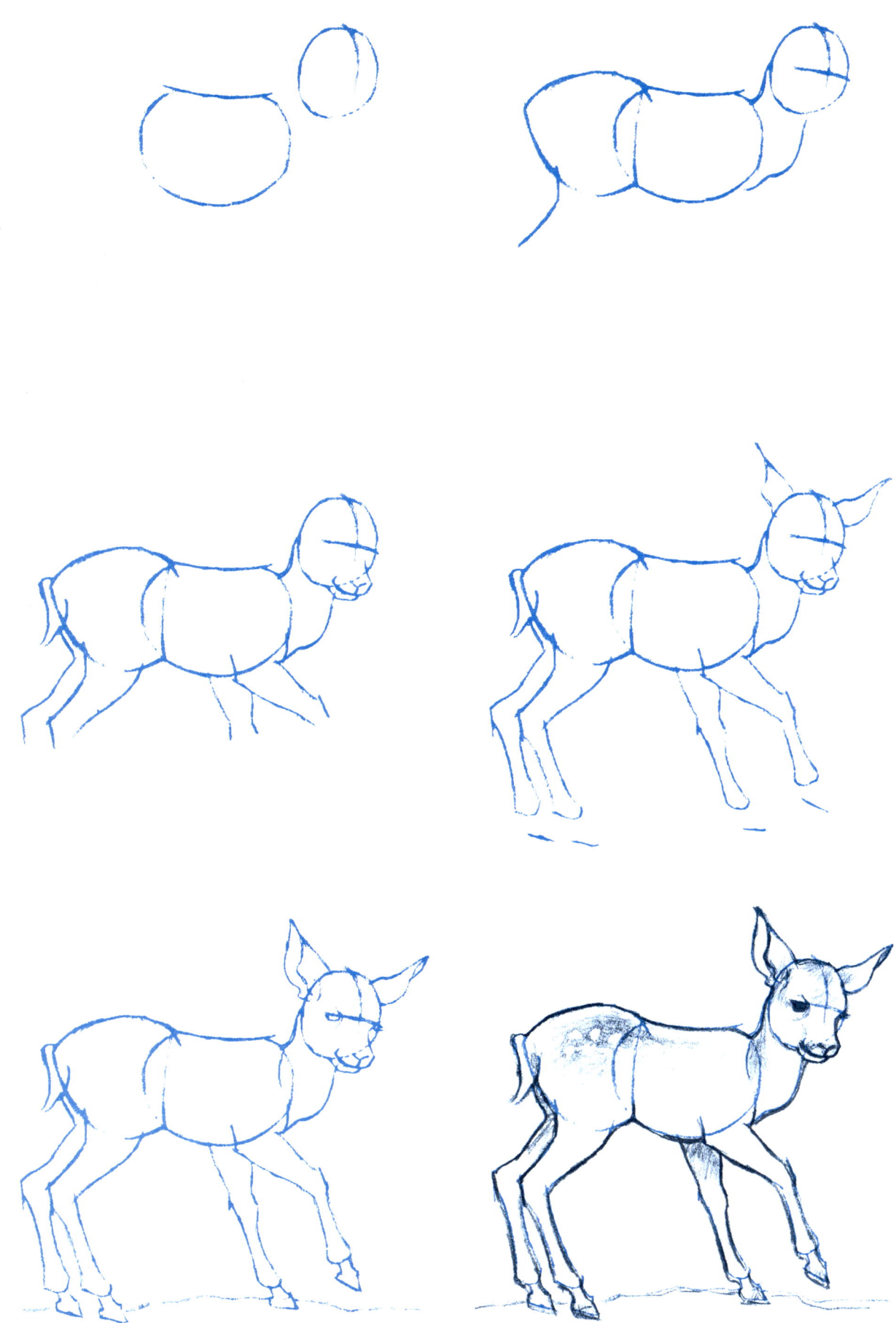

24 Cervatillo

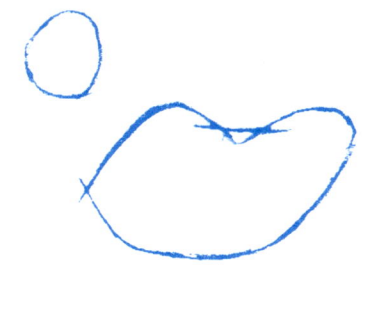
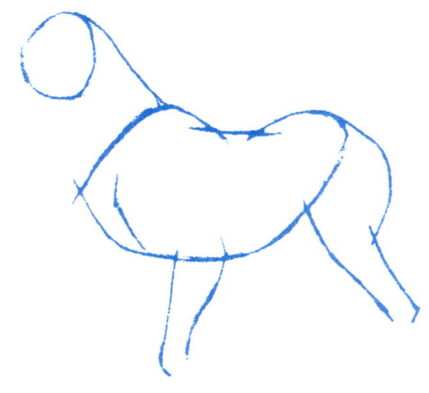
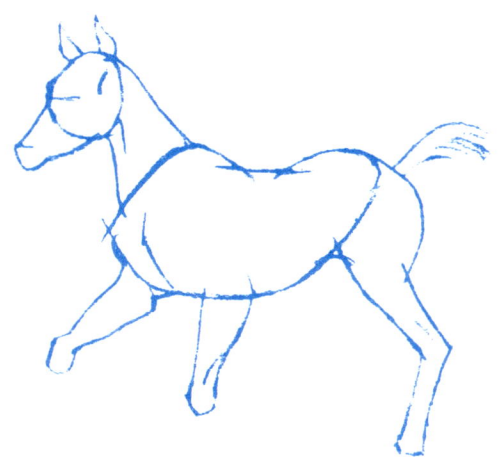
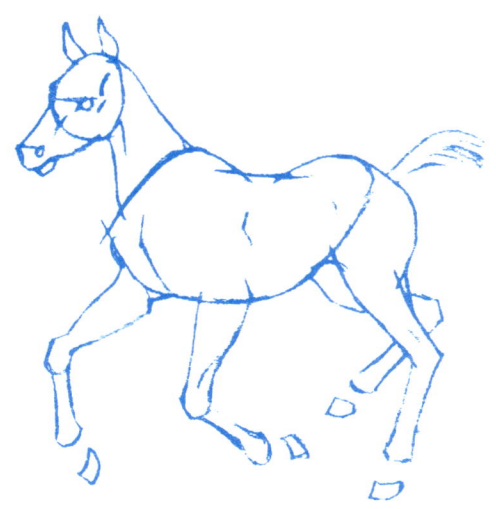
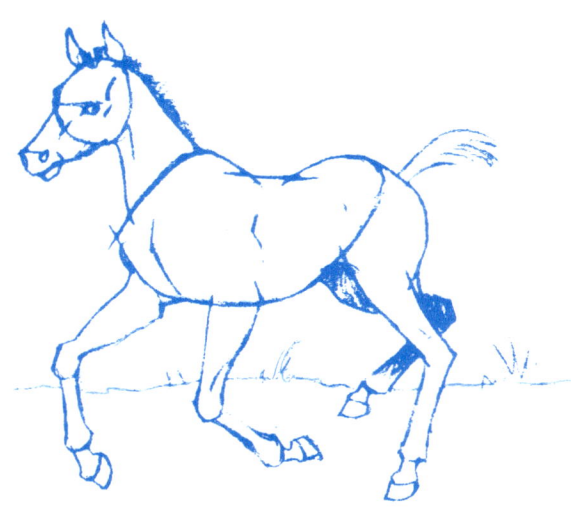
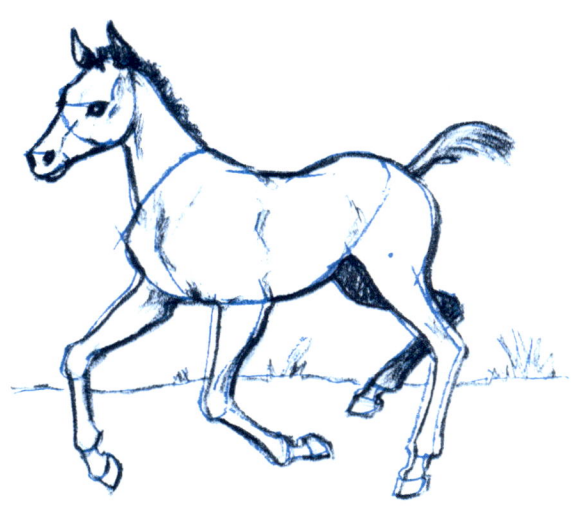

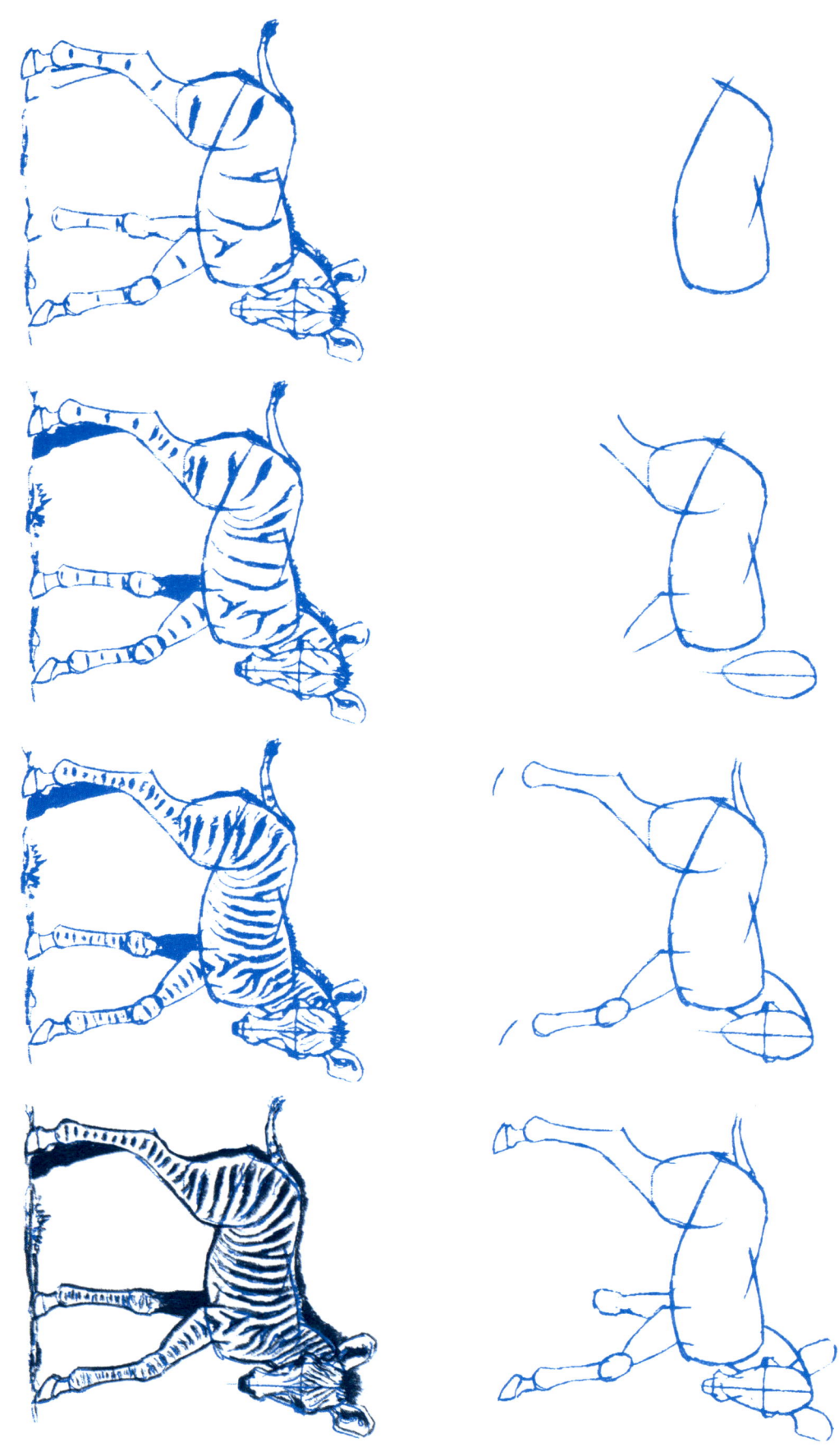

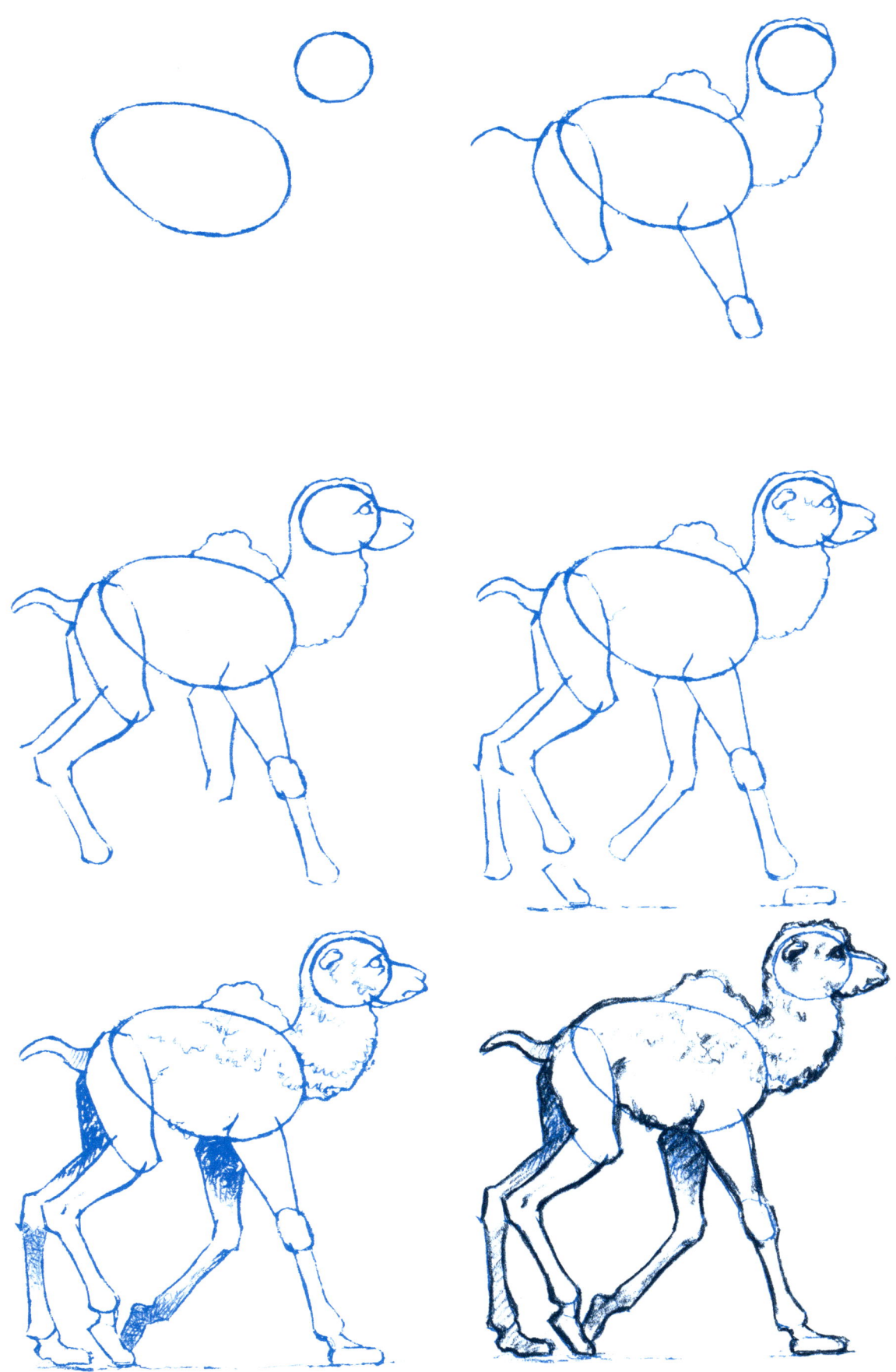

27 Cría de camello

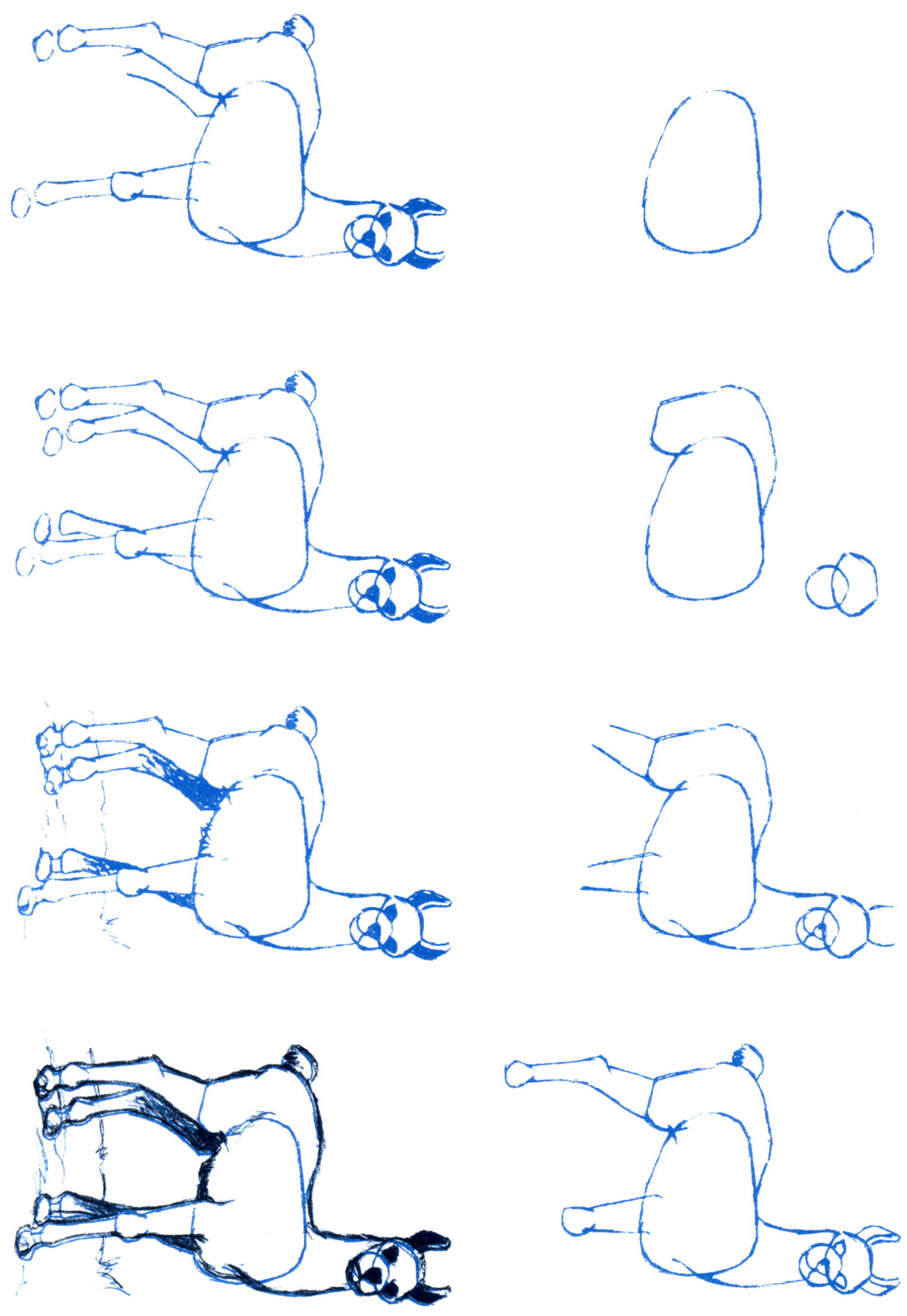

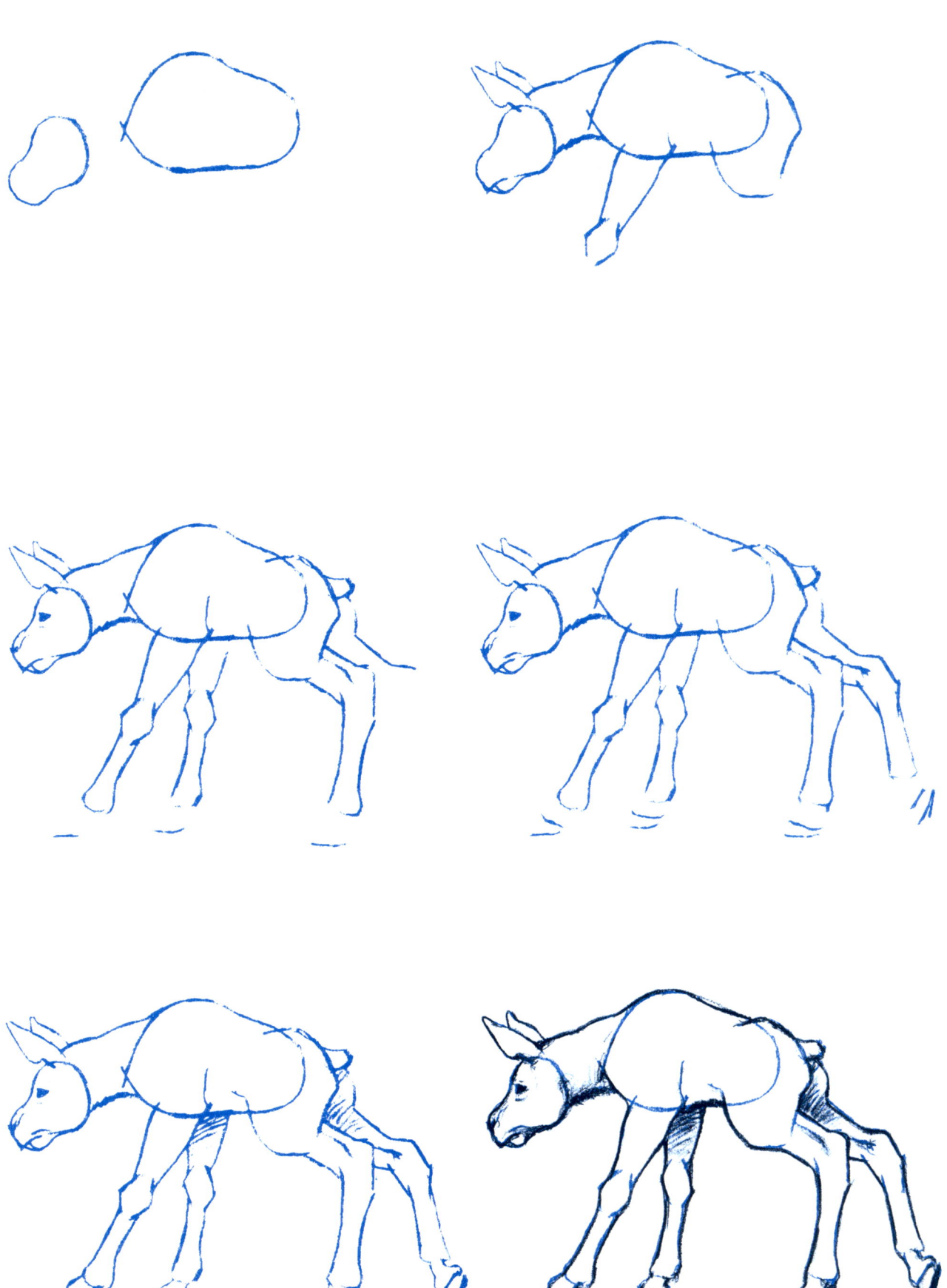

29 Cría de alce

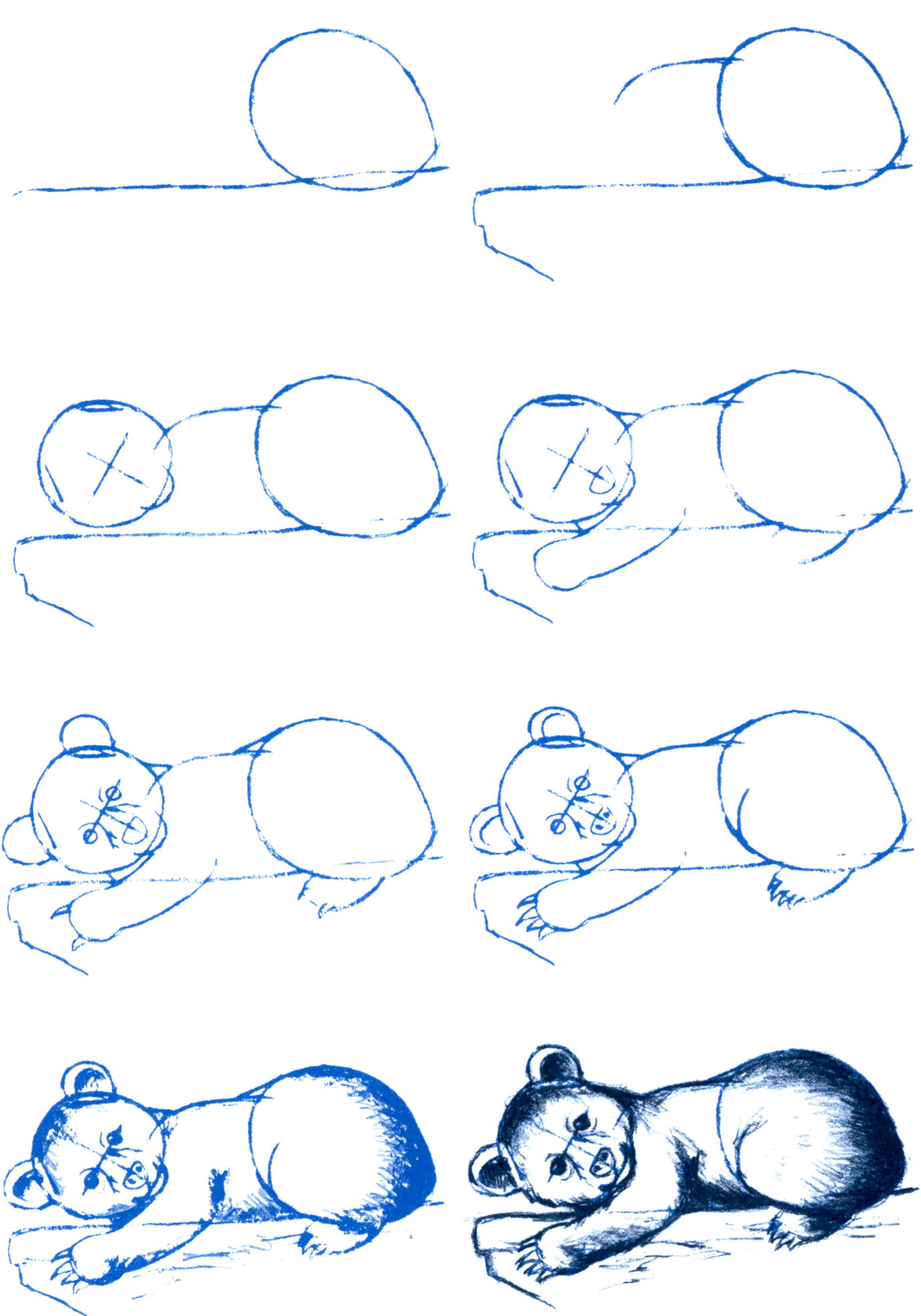

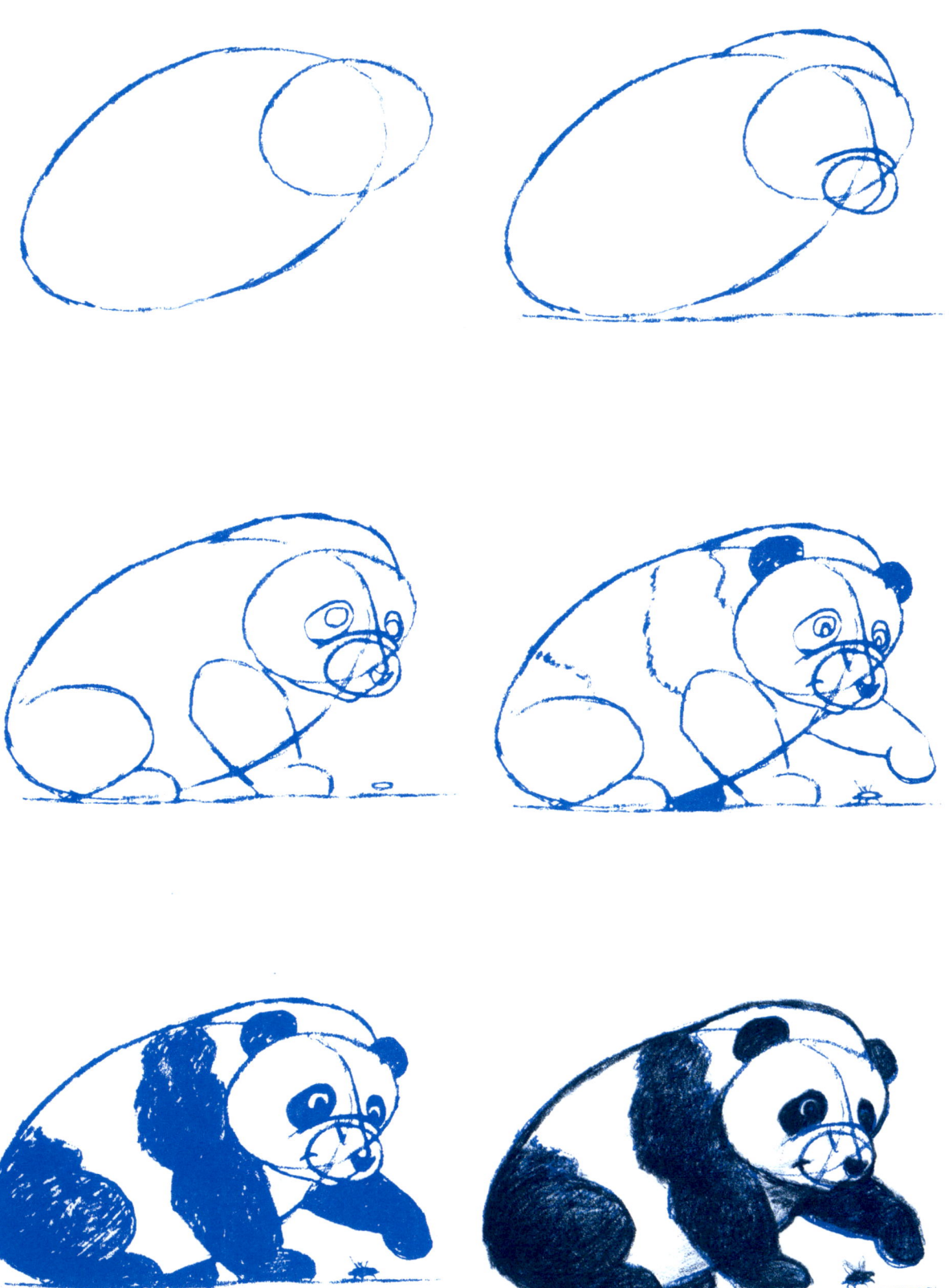

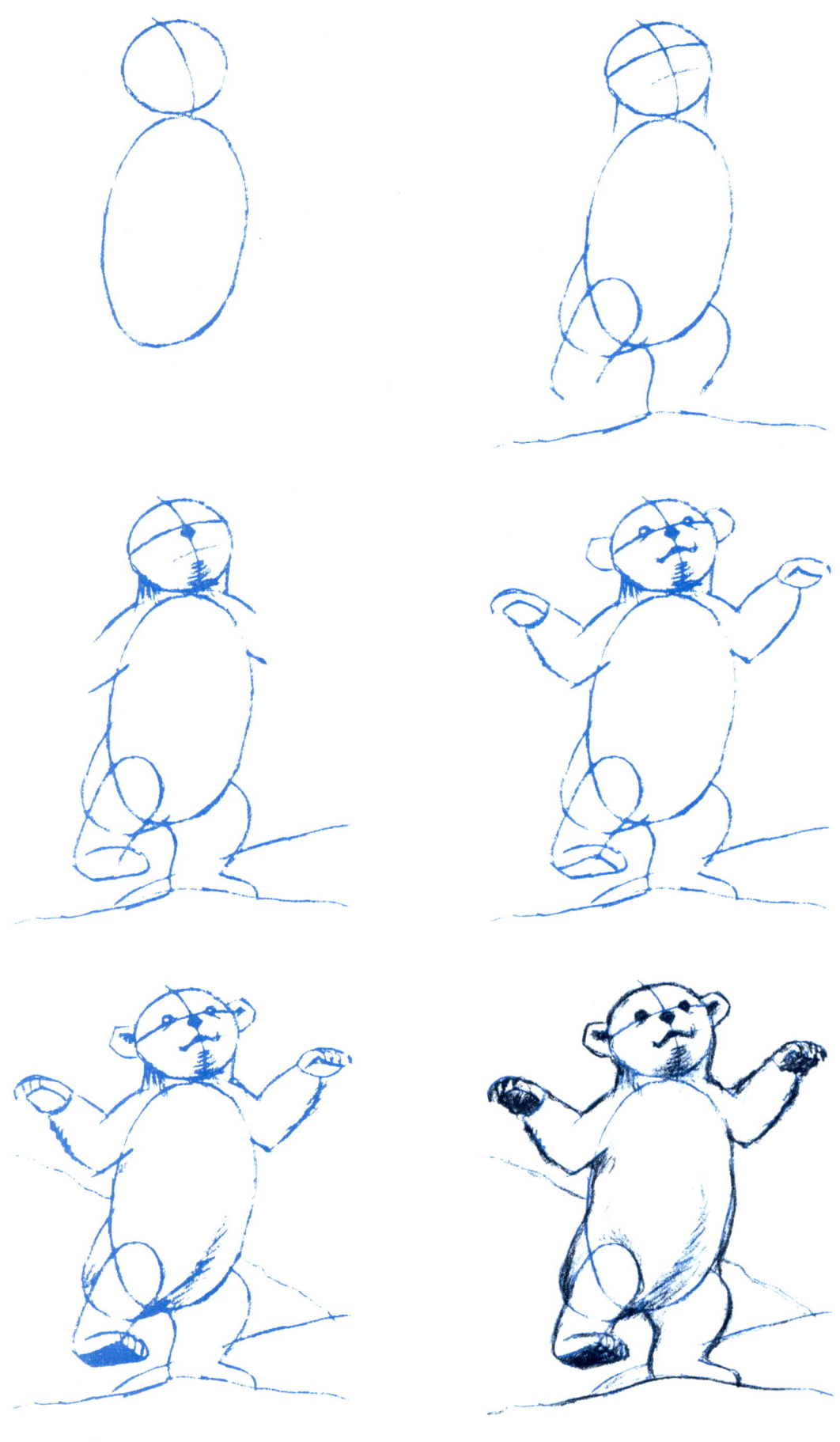

32 Cría de oso polar

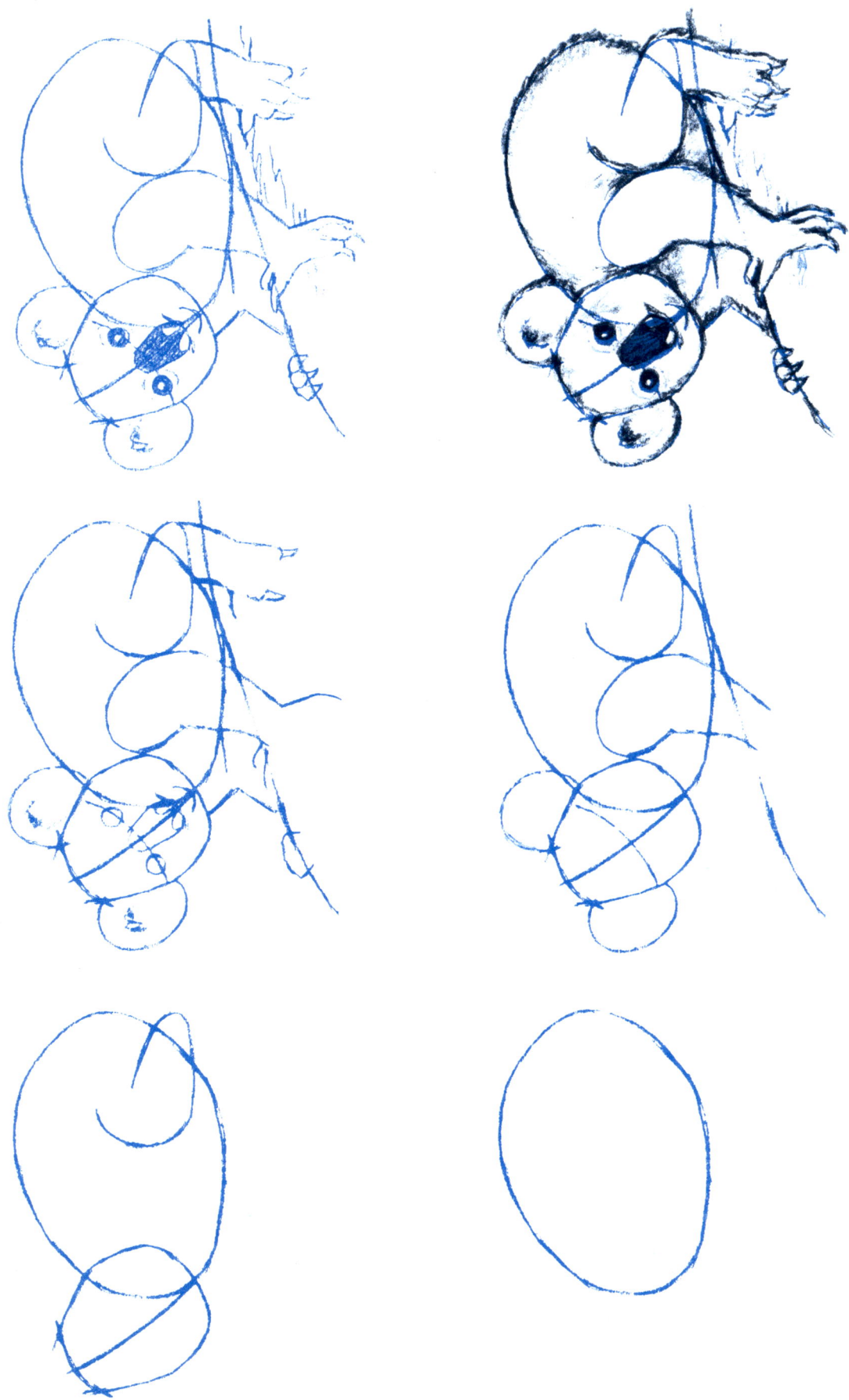

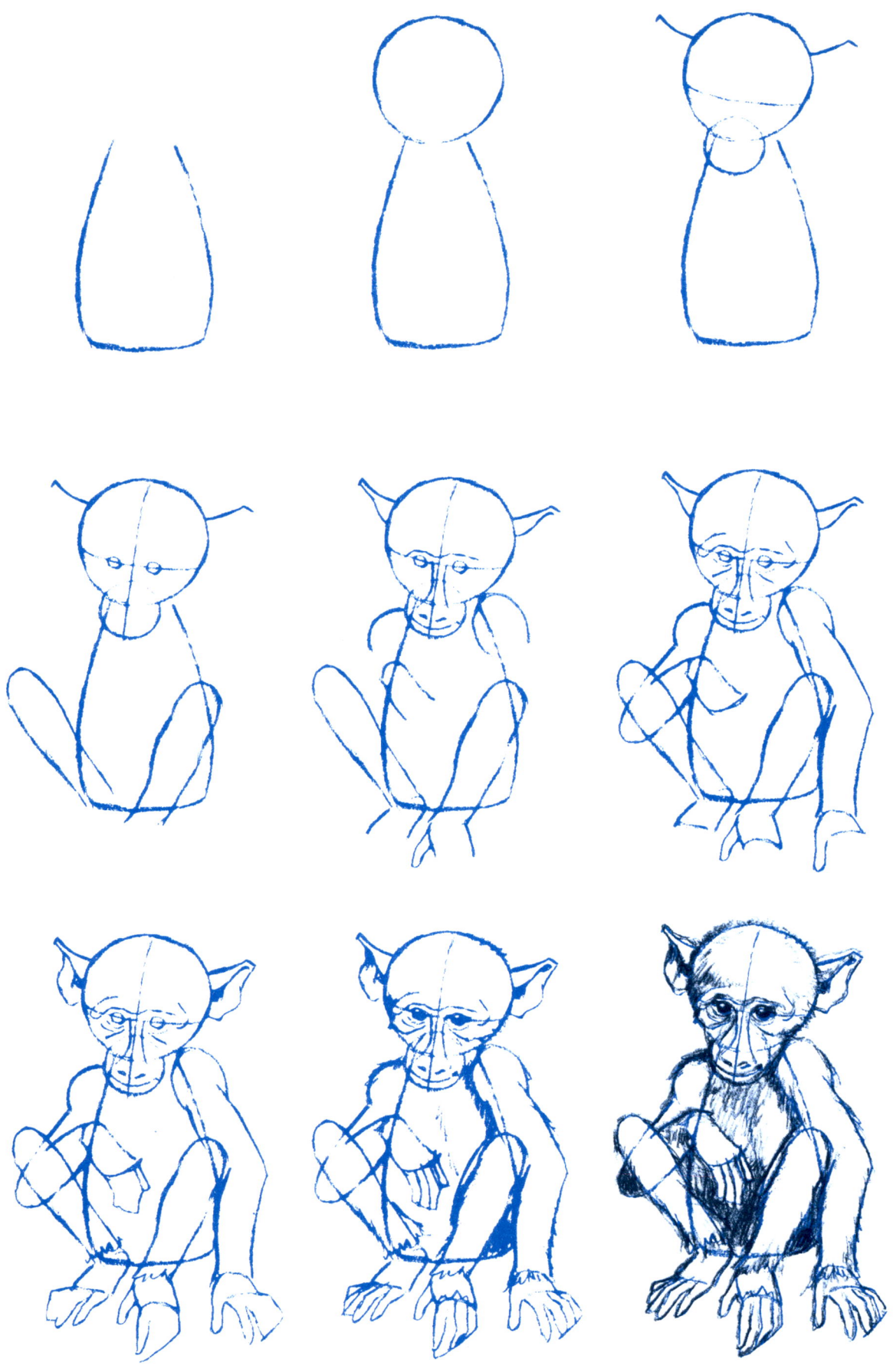

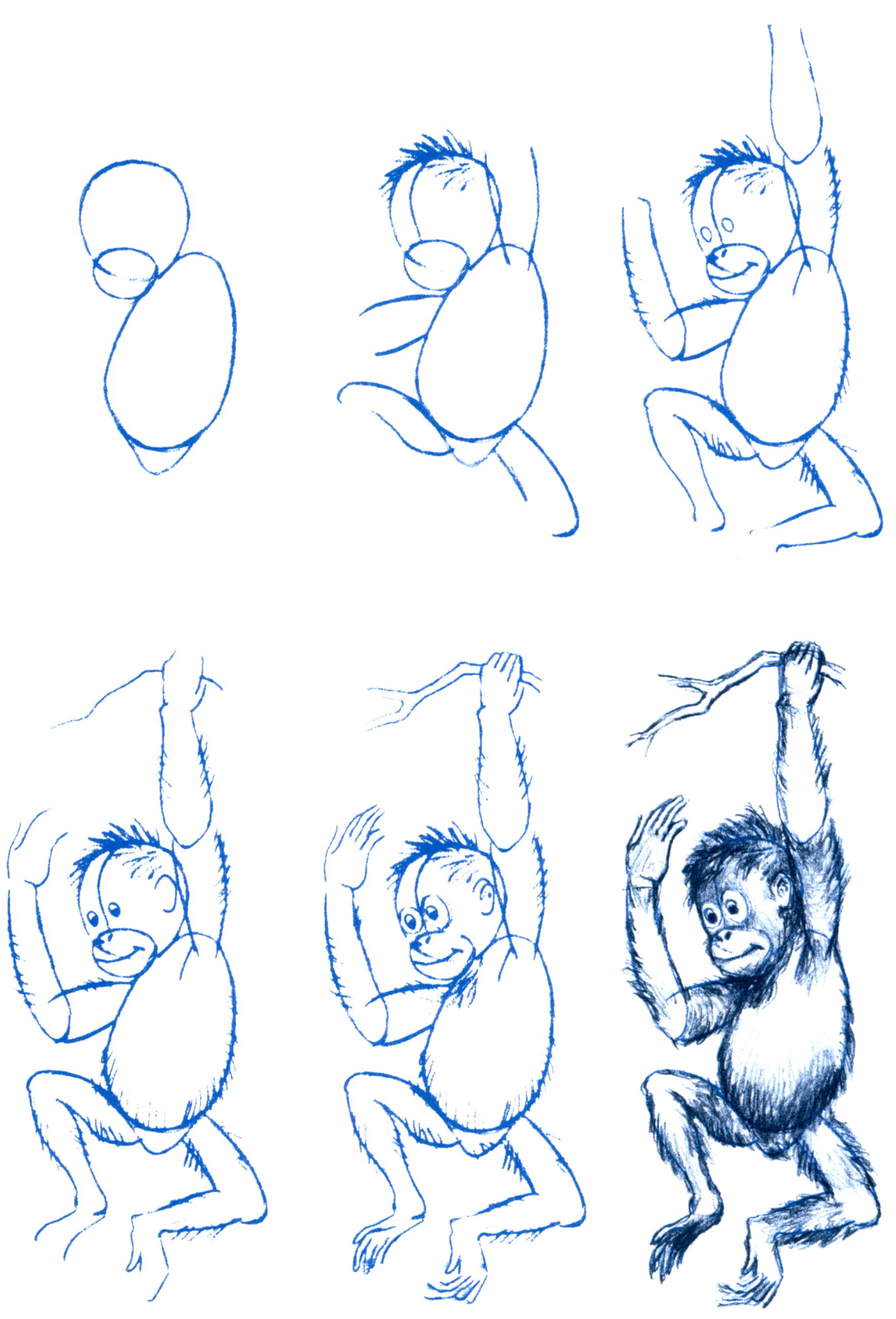

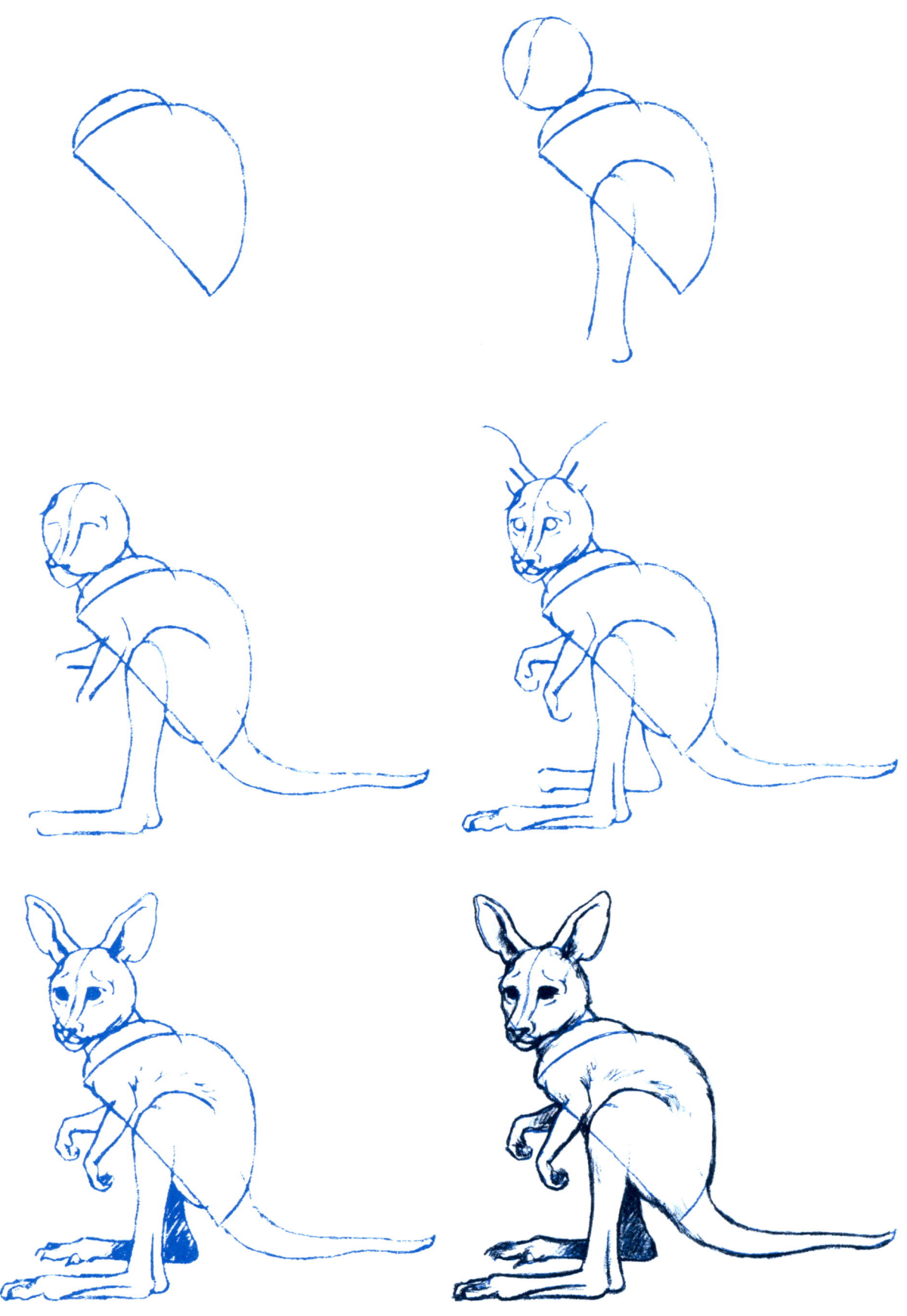

36 Cría de canguro

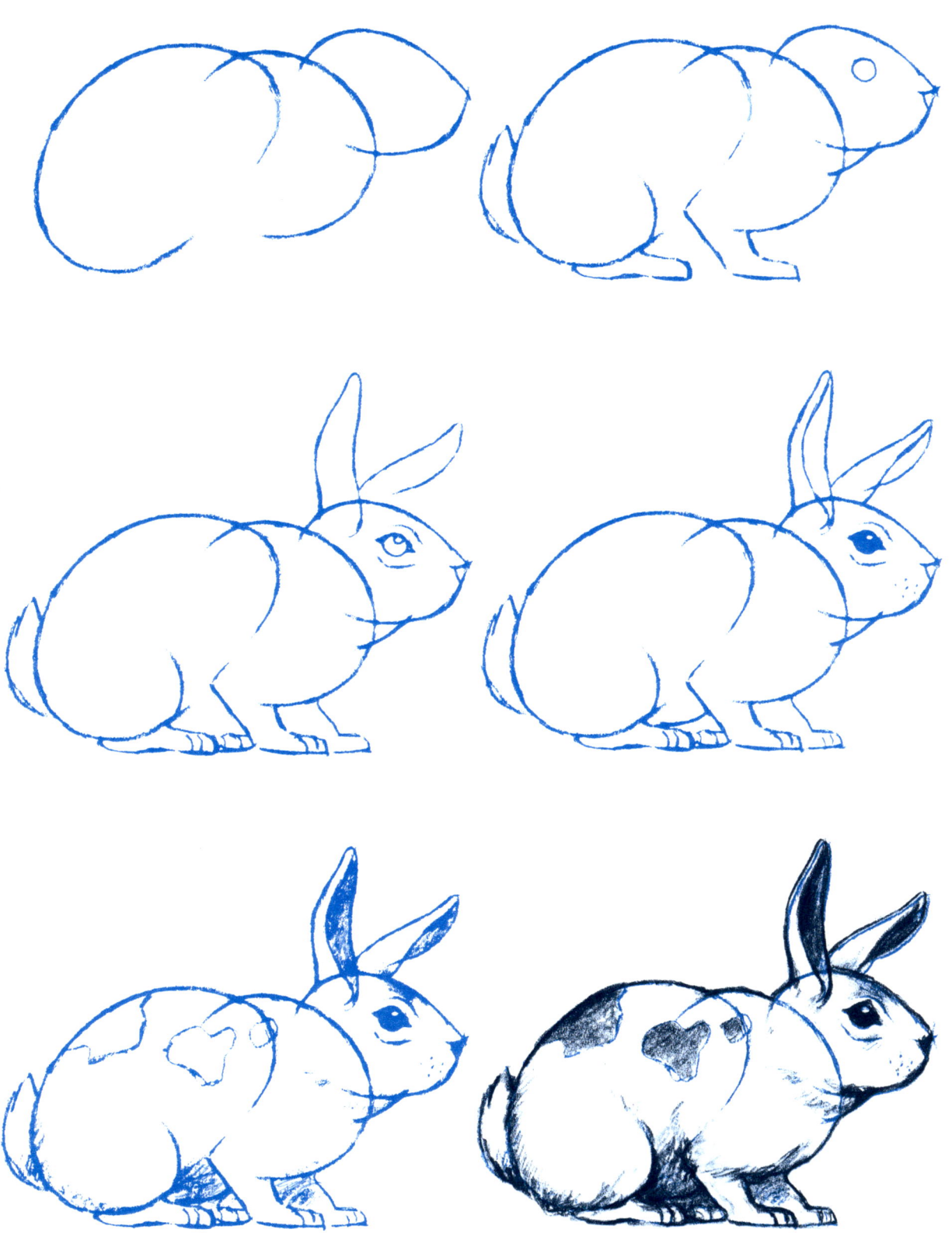

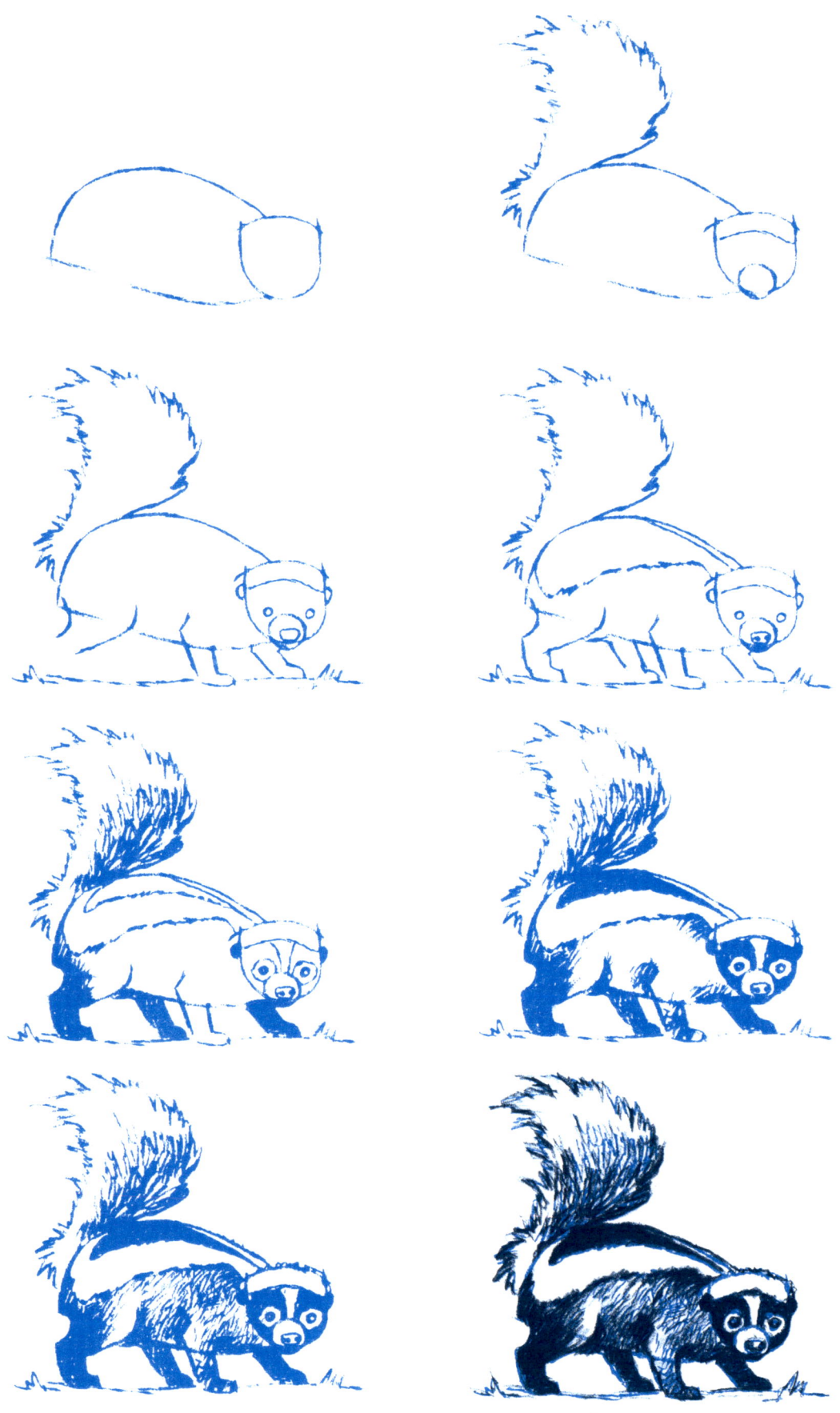

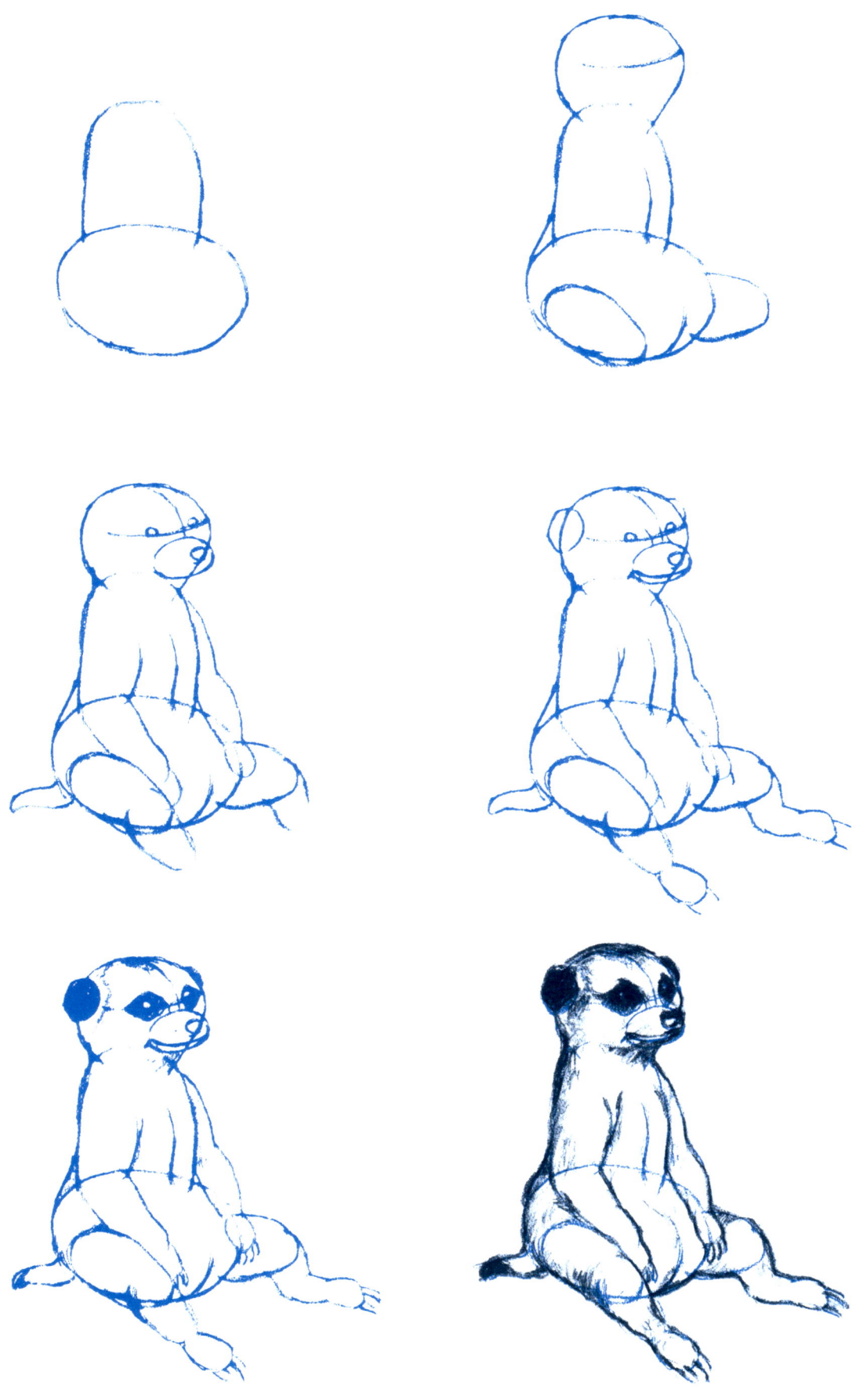

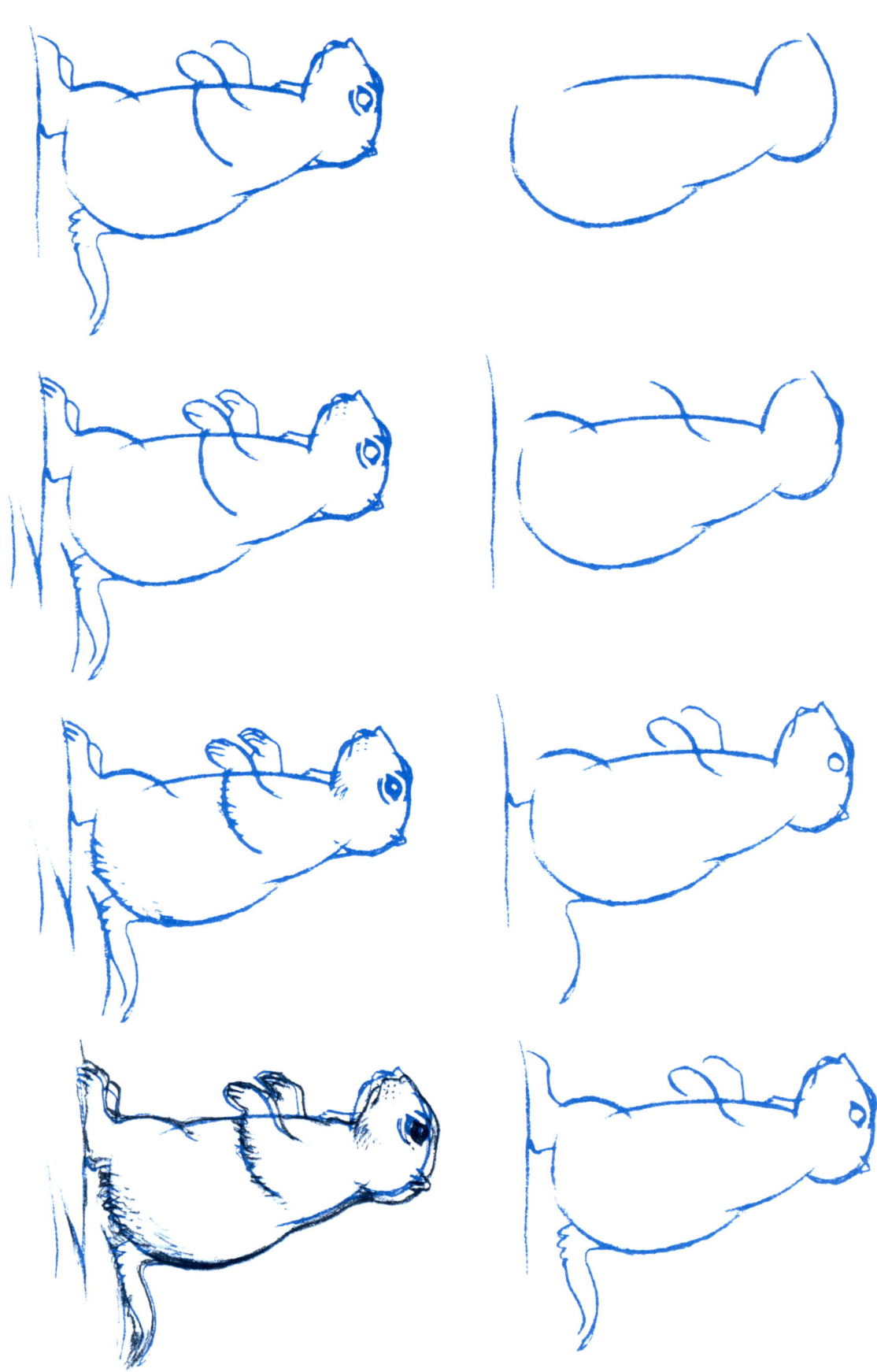

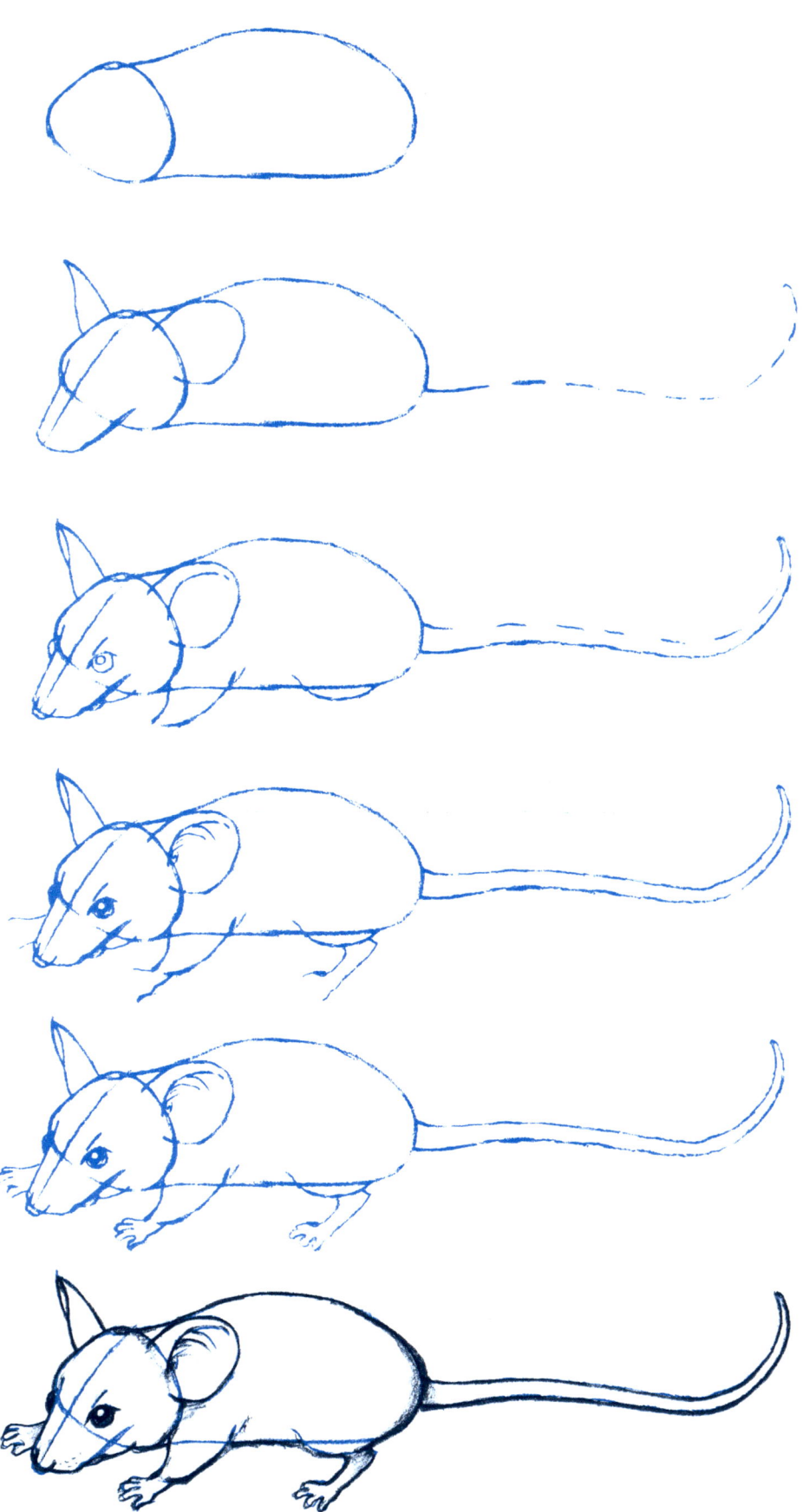

41 Cría de ratón

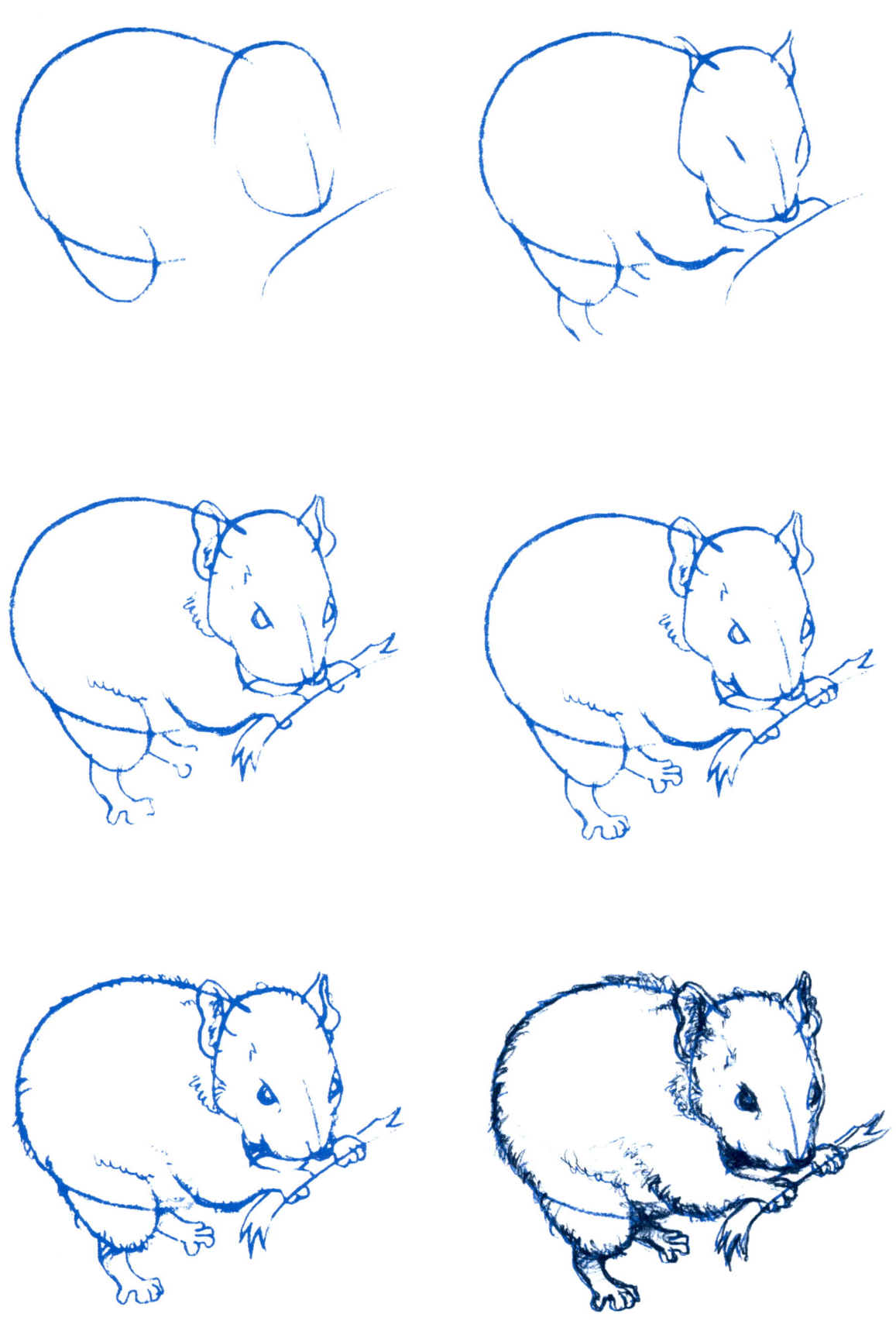

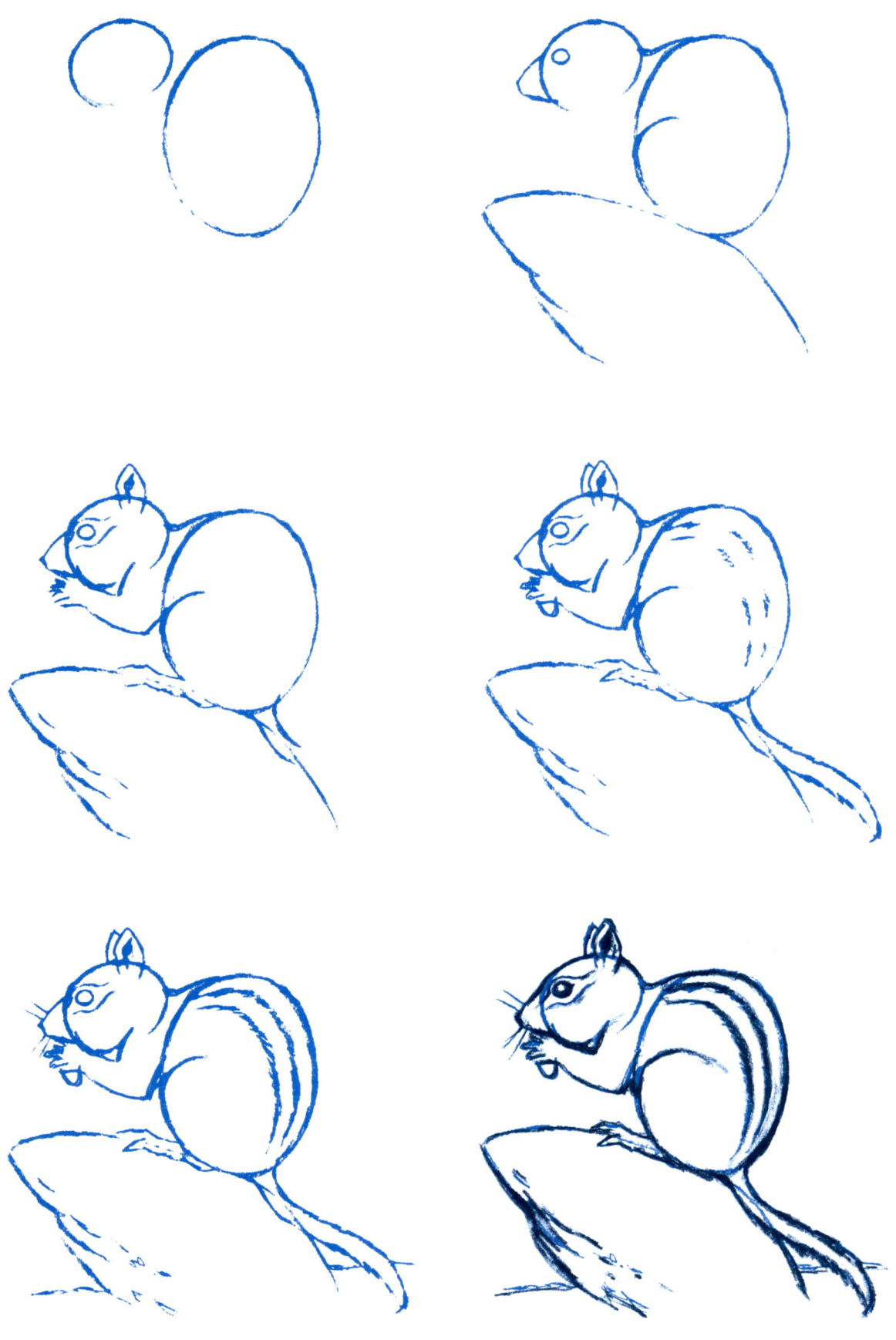

43 Cría de ardilla listada

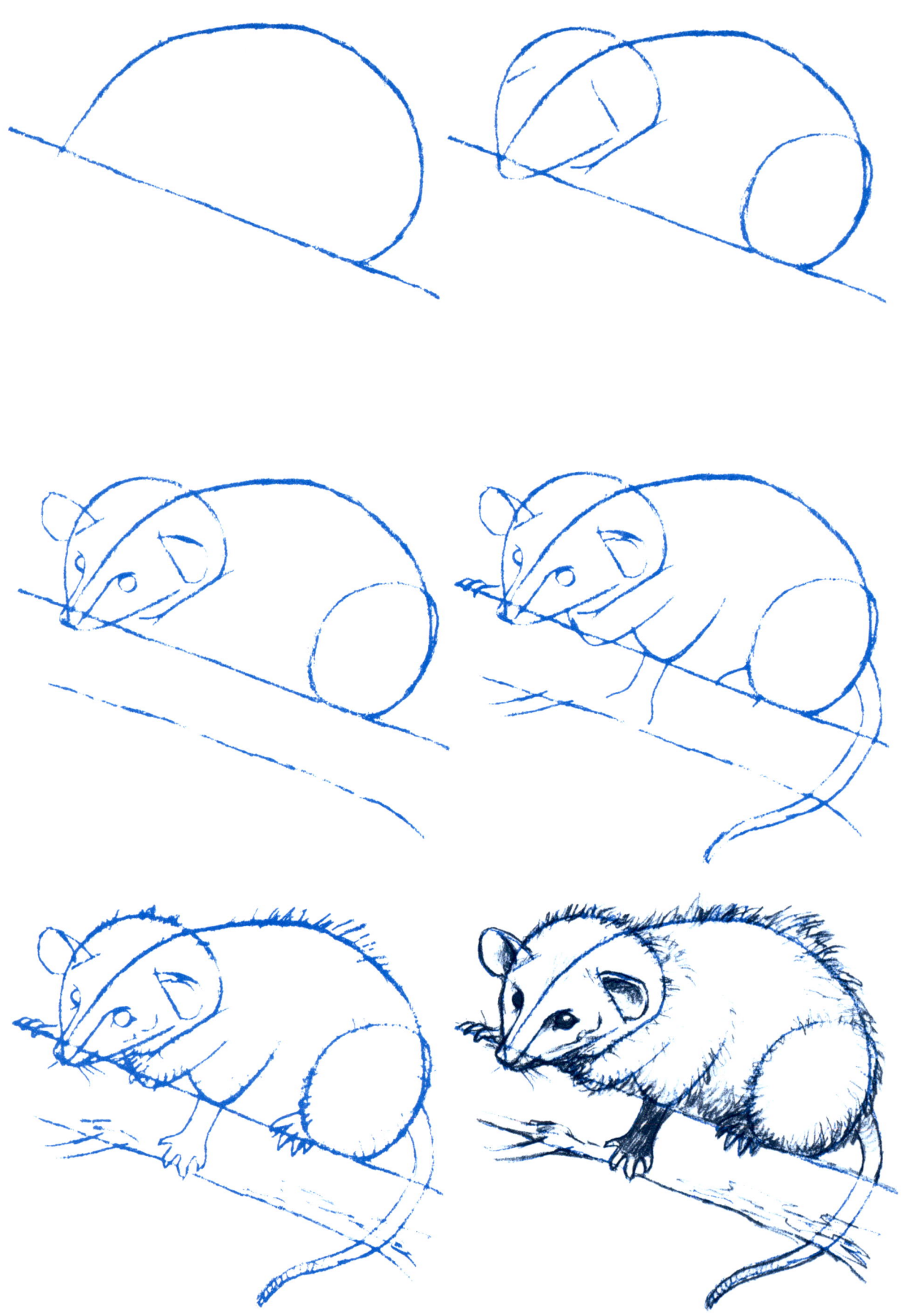

44 Cría de marmosa

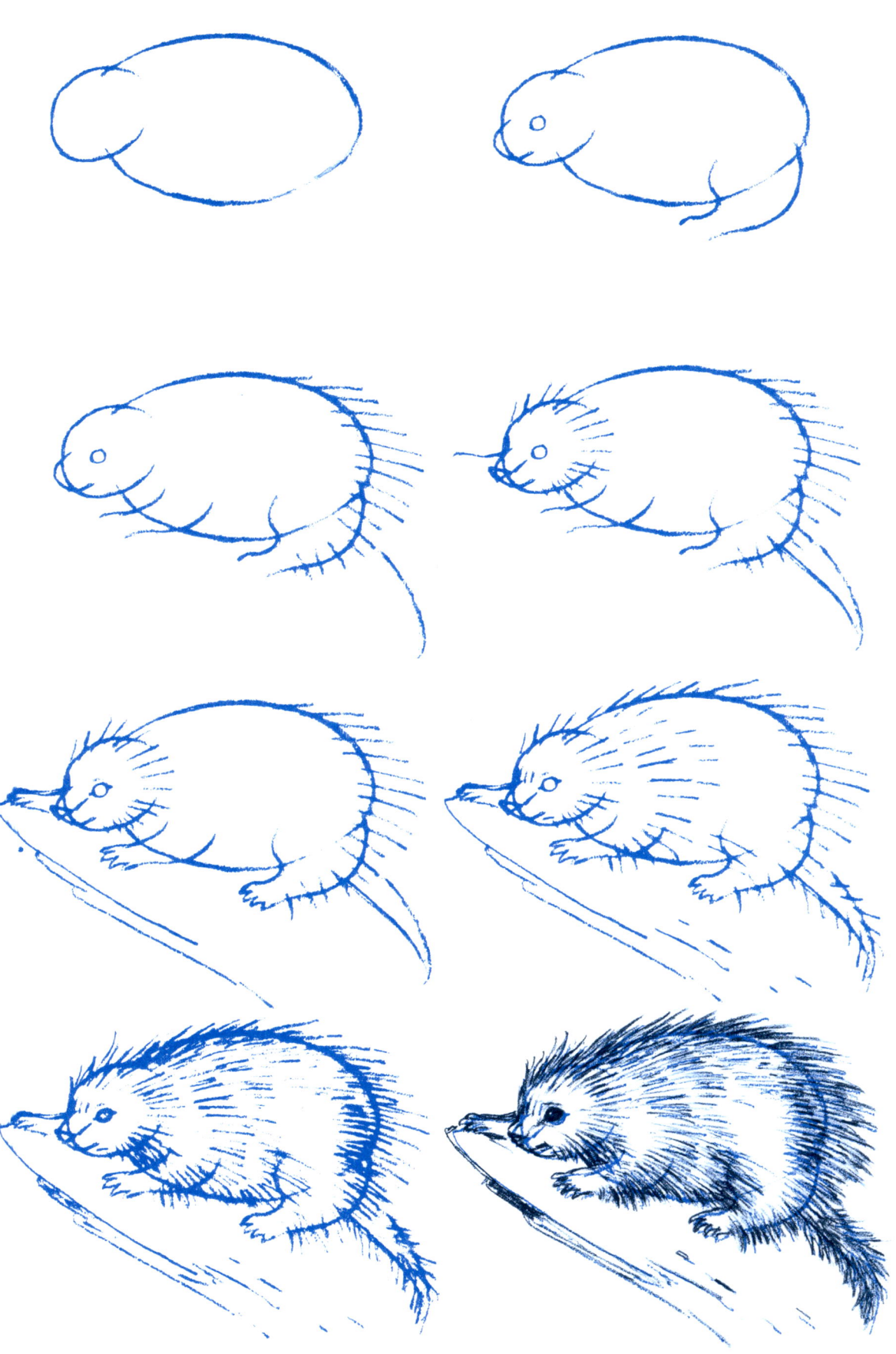

45 Cría de puercoespín

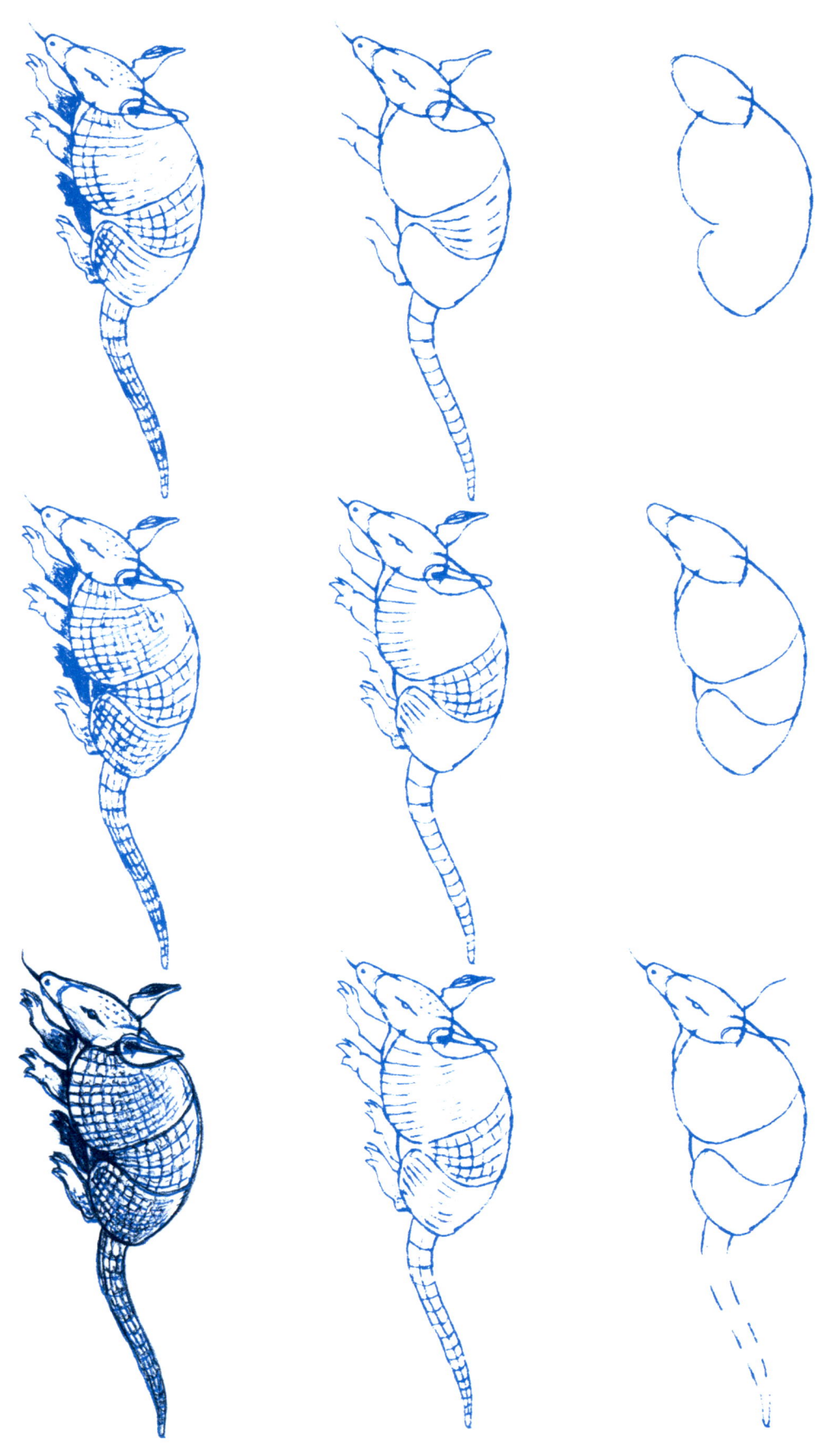

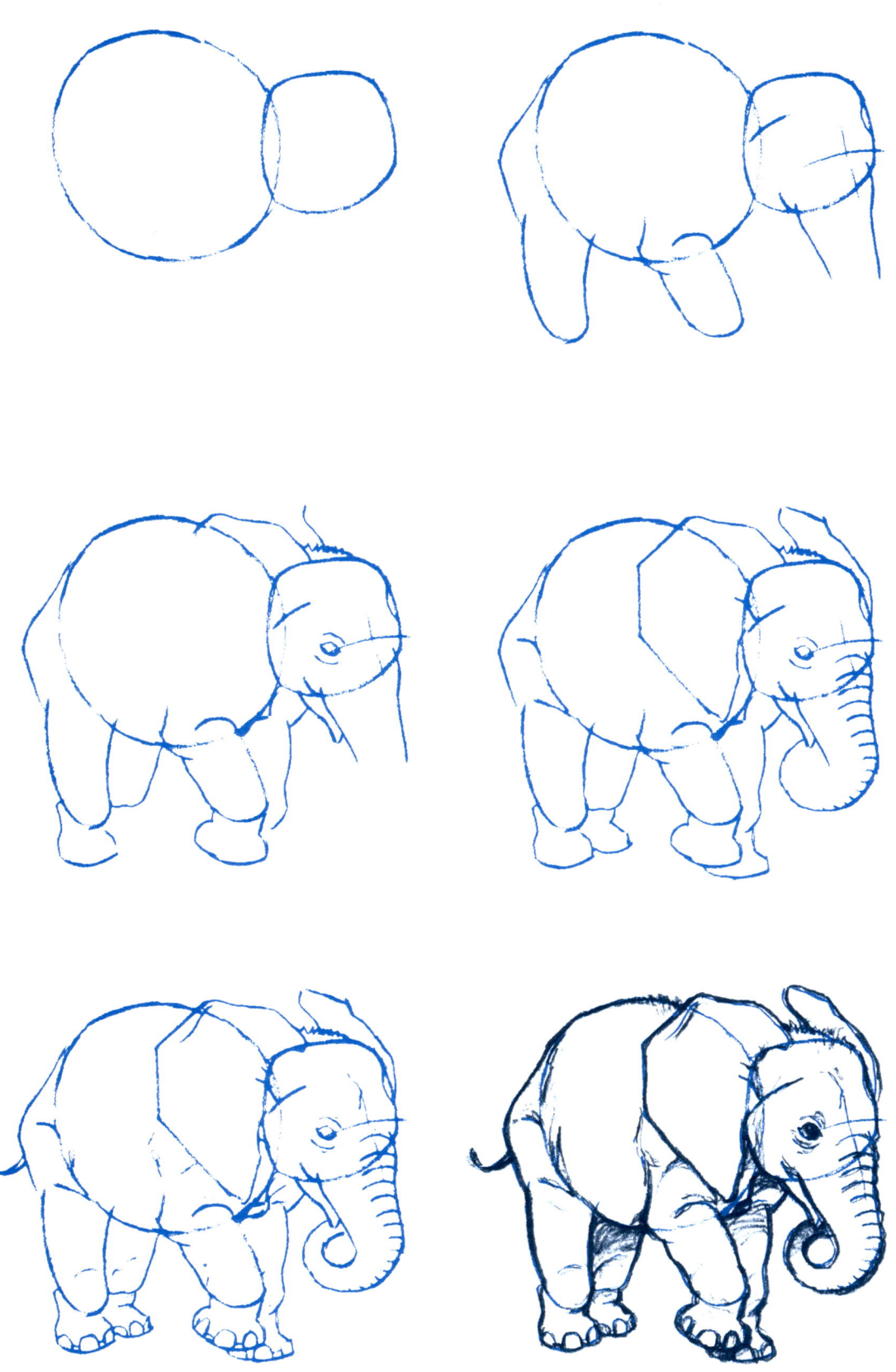

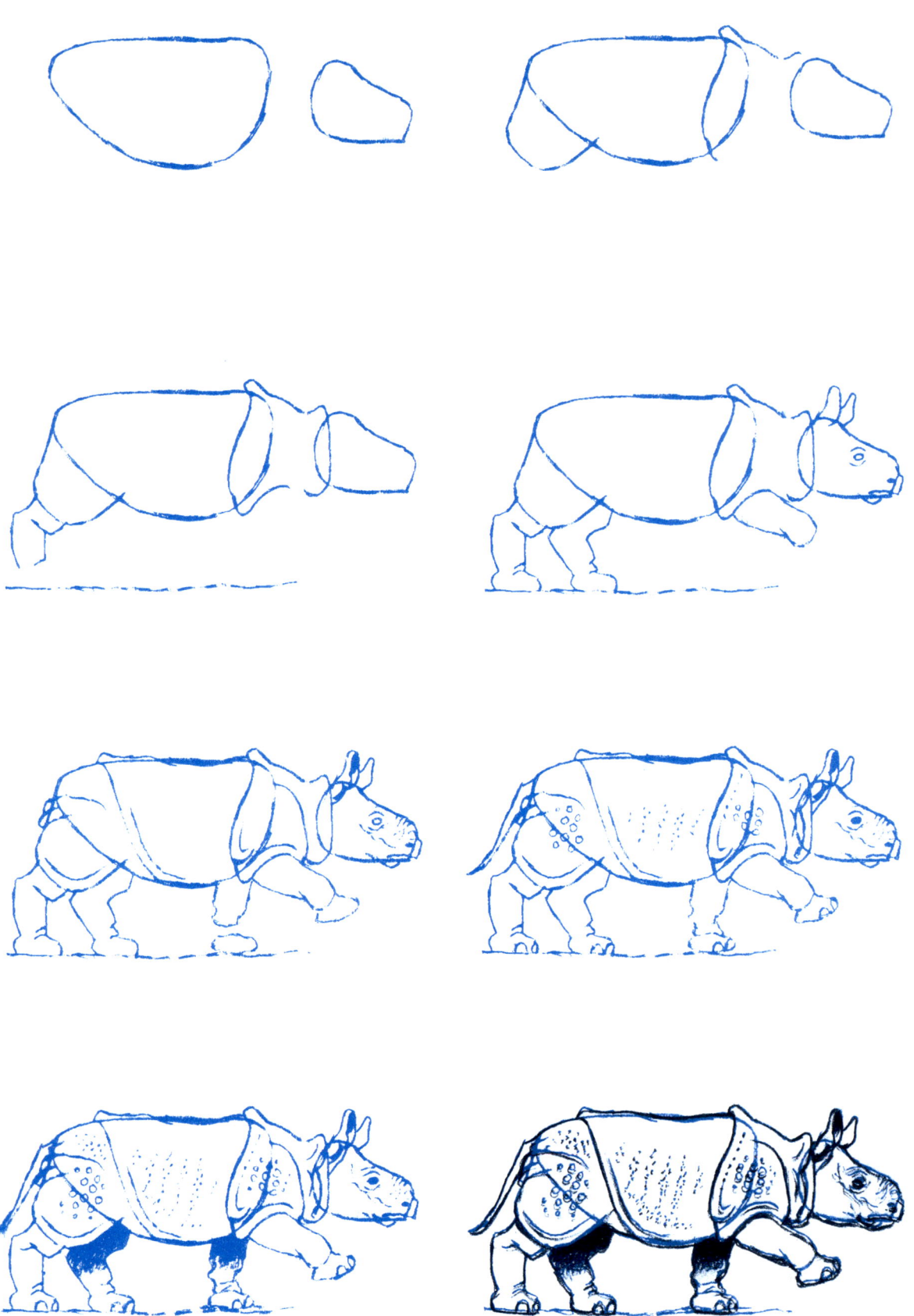

48 Cría de rinoceronte

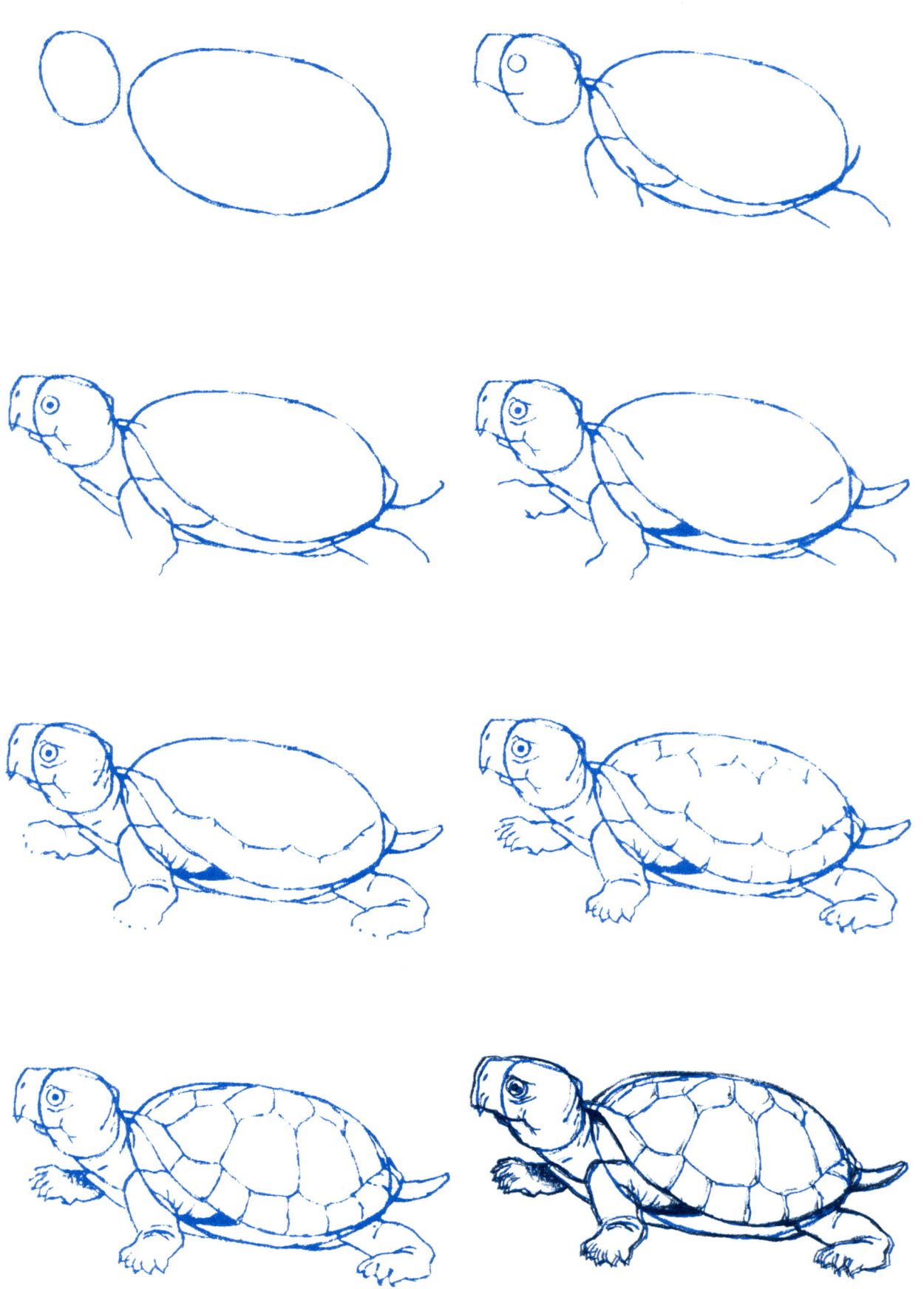

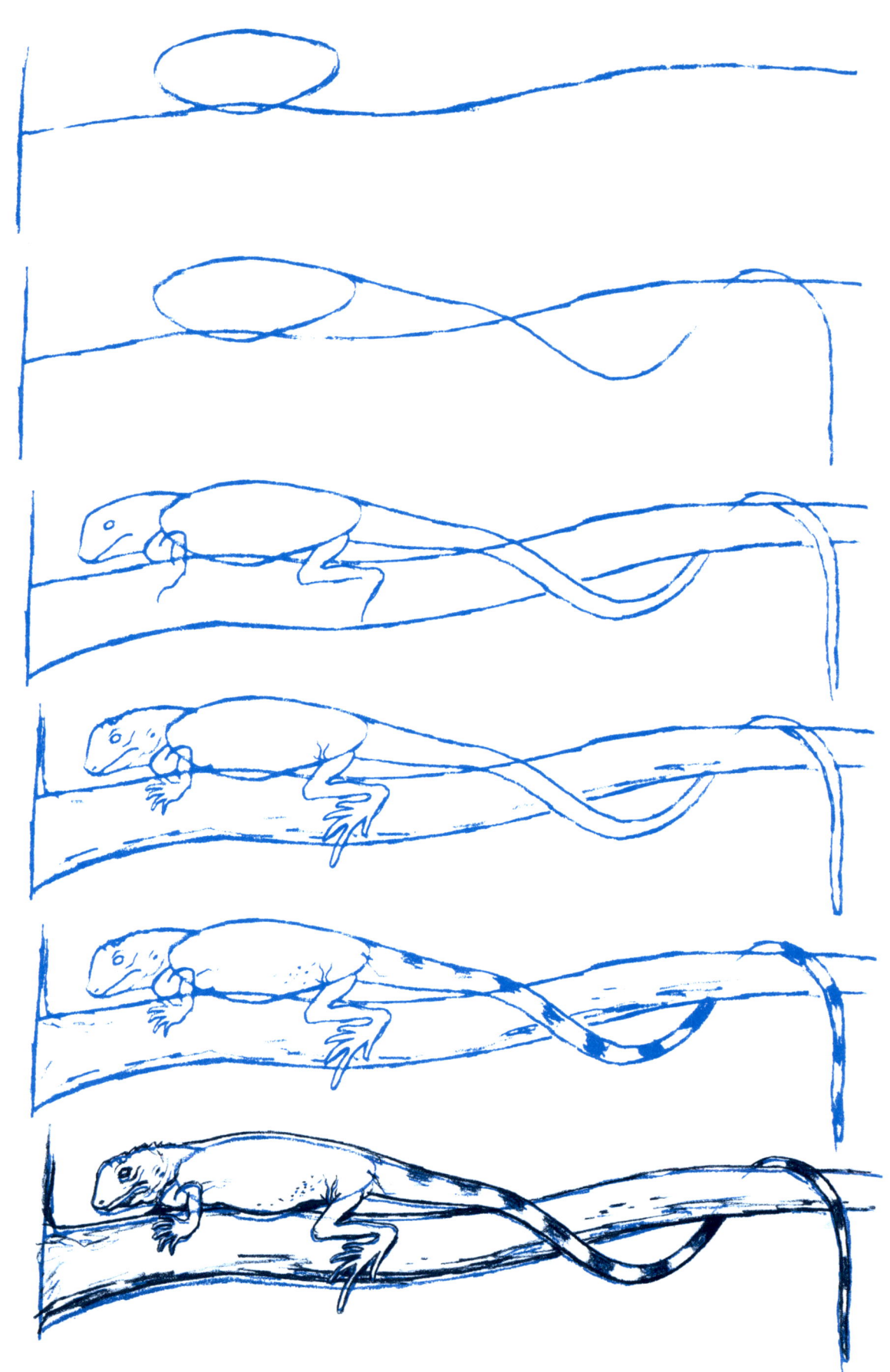

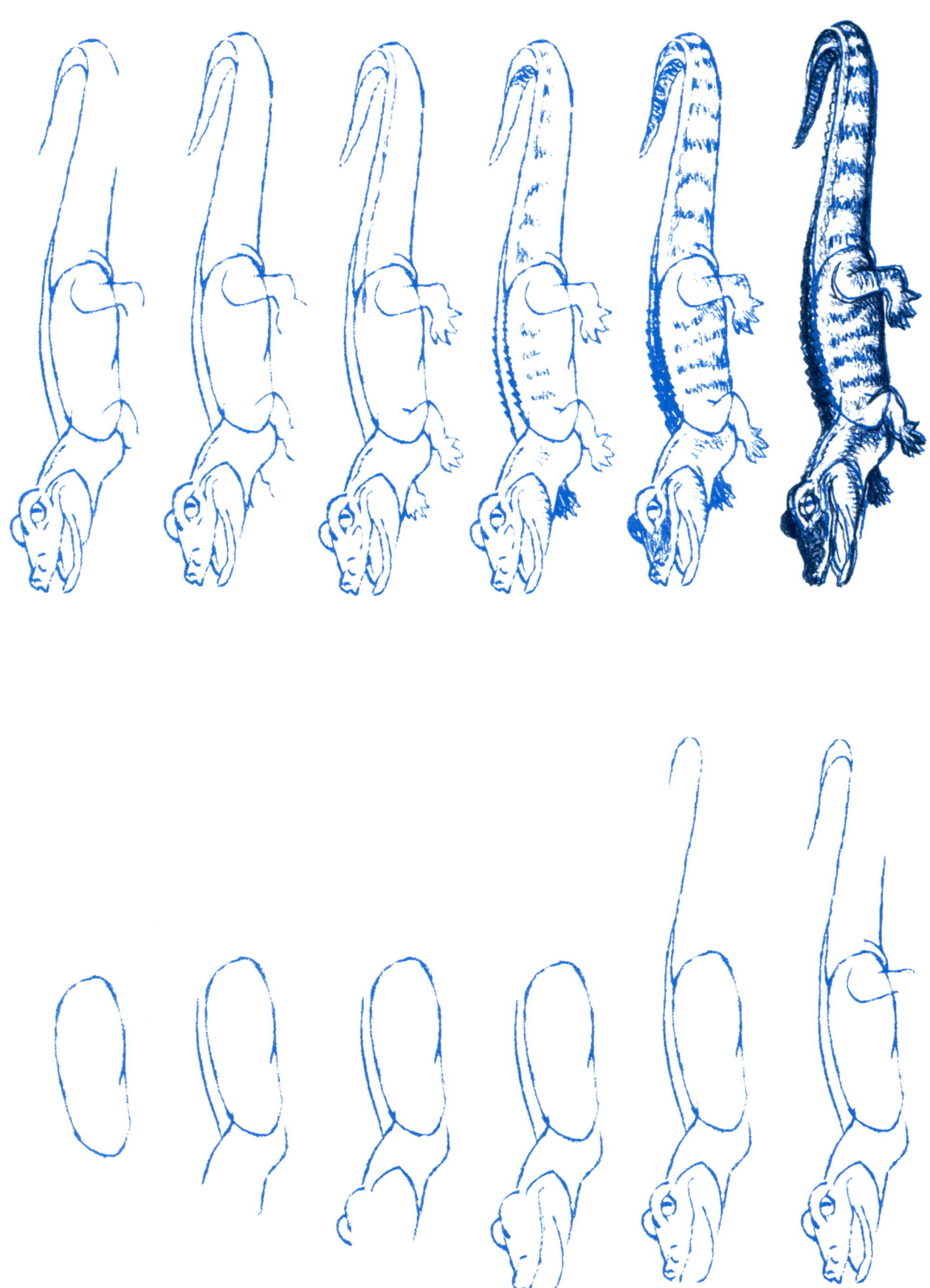

51 Cría de cocodrilo

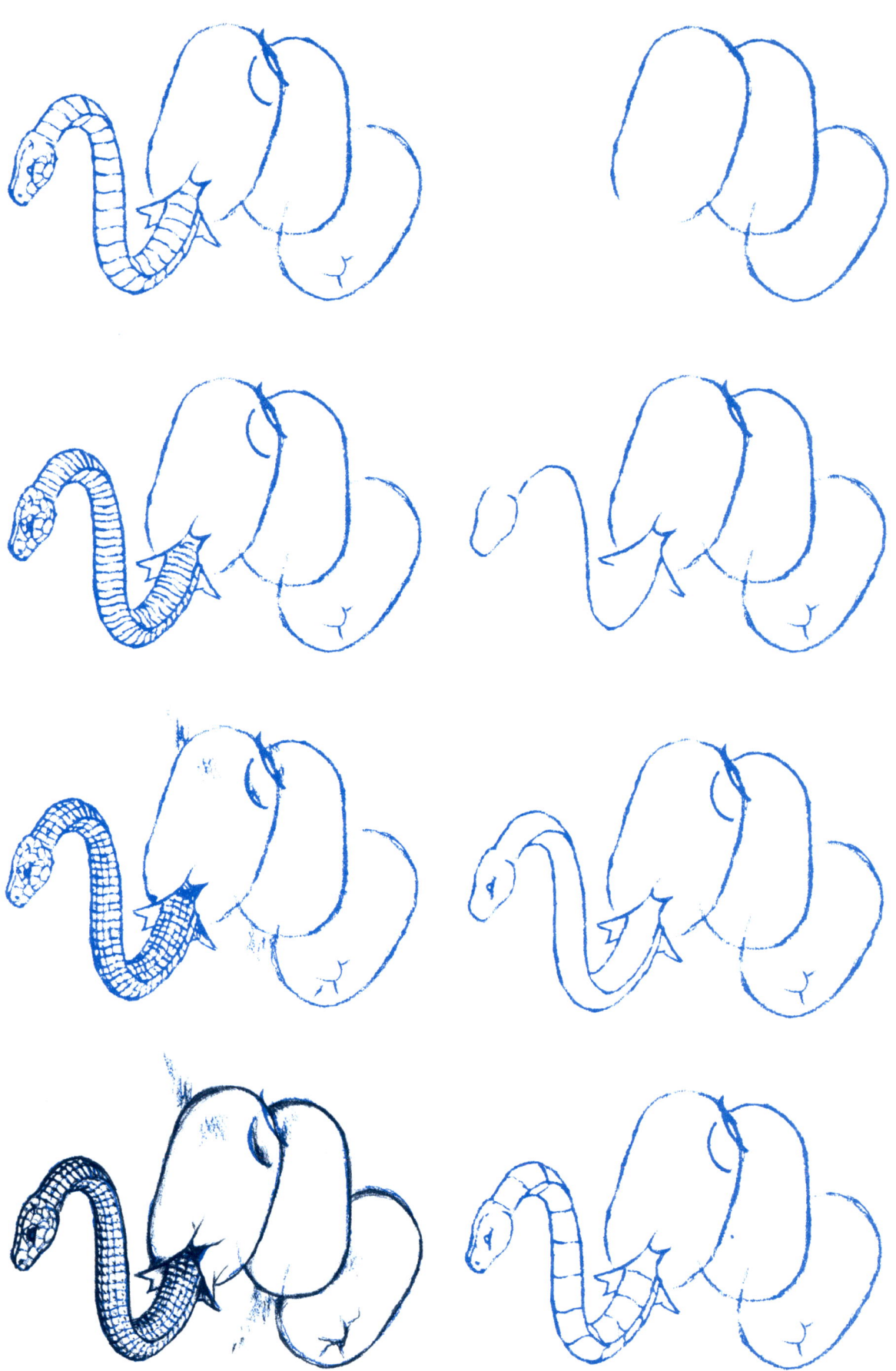

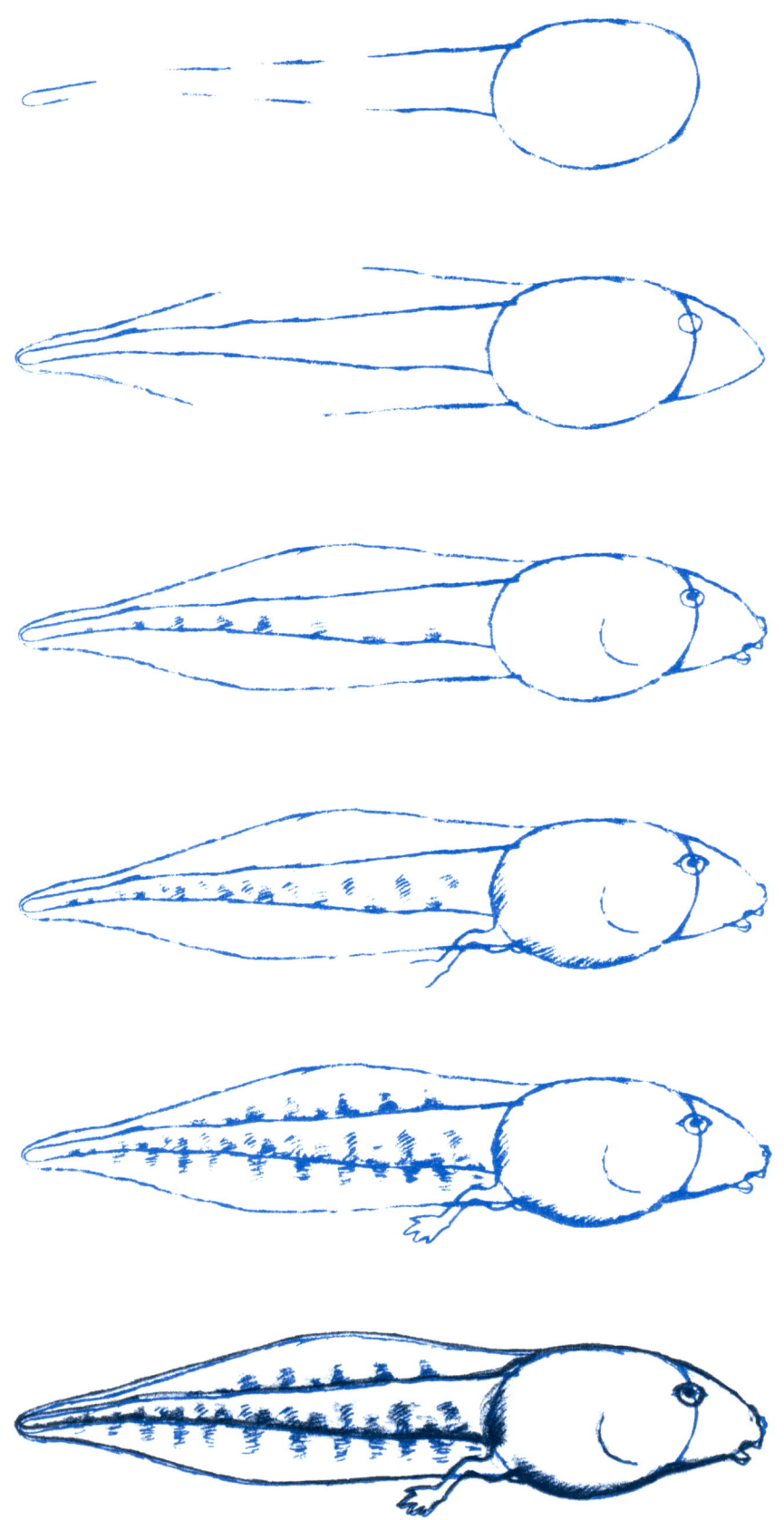

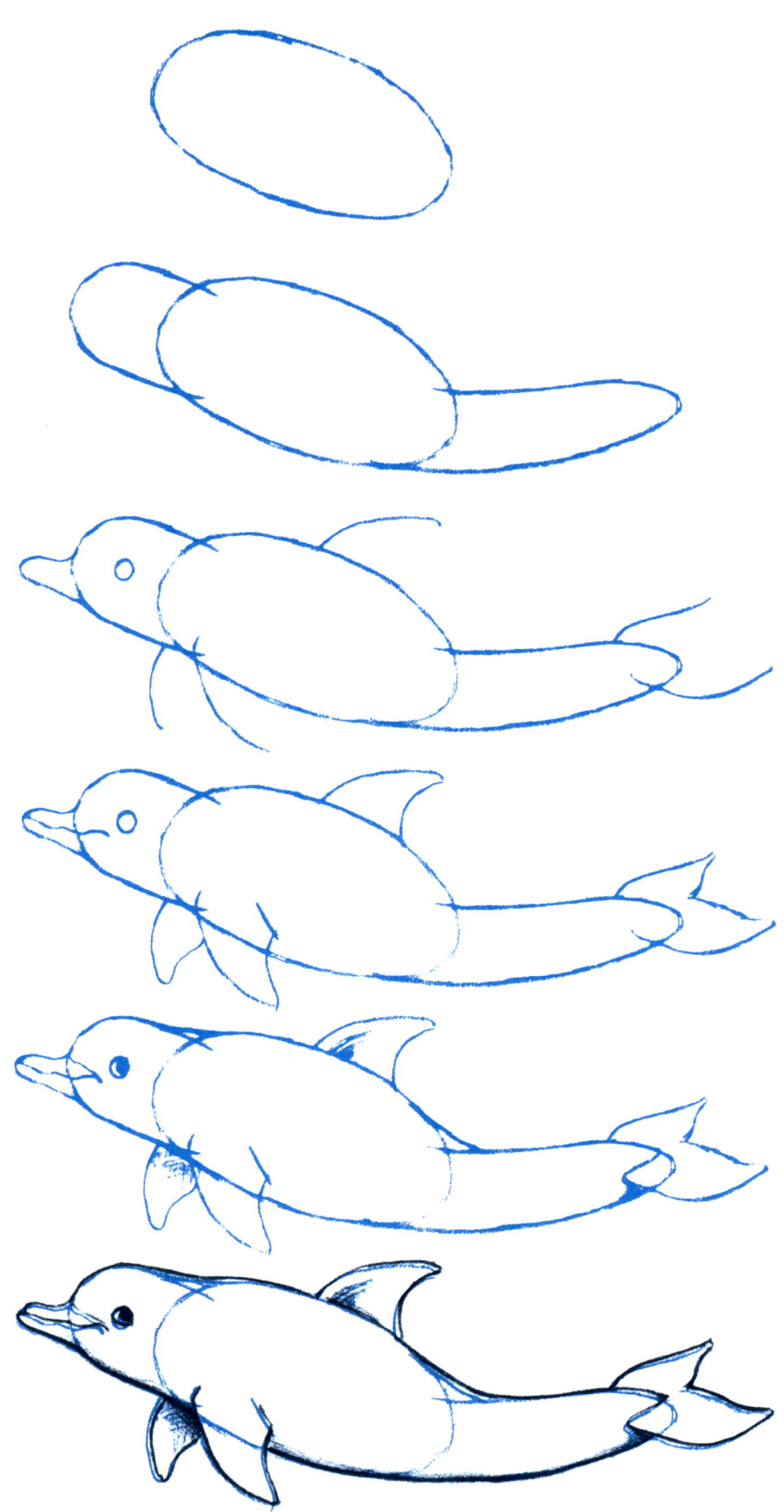

54 Cría de delfín

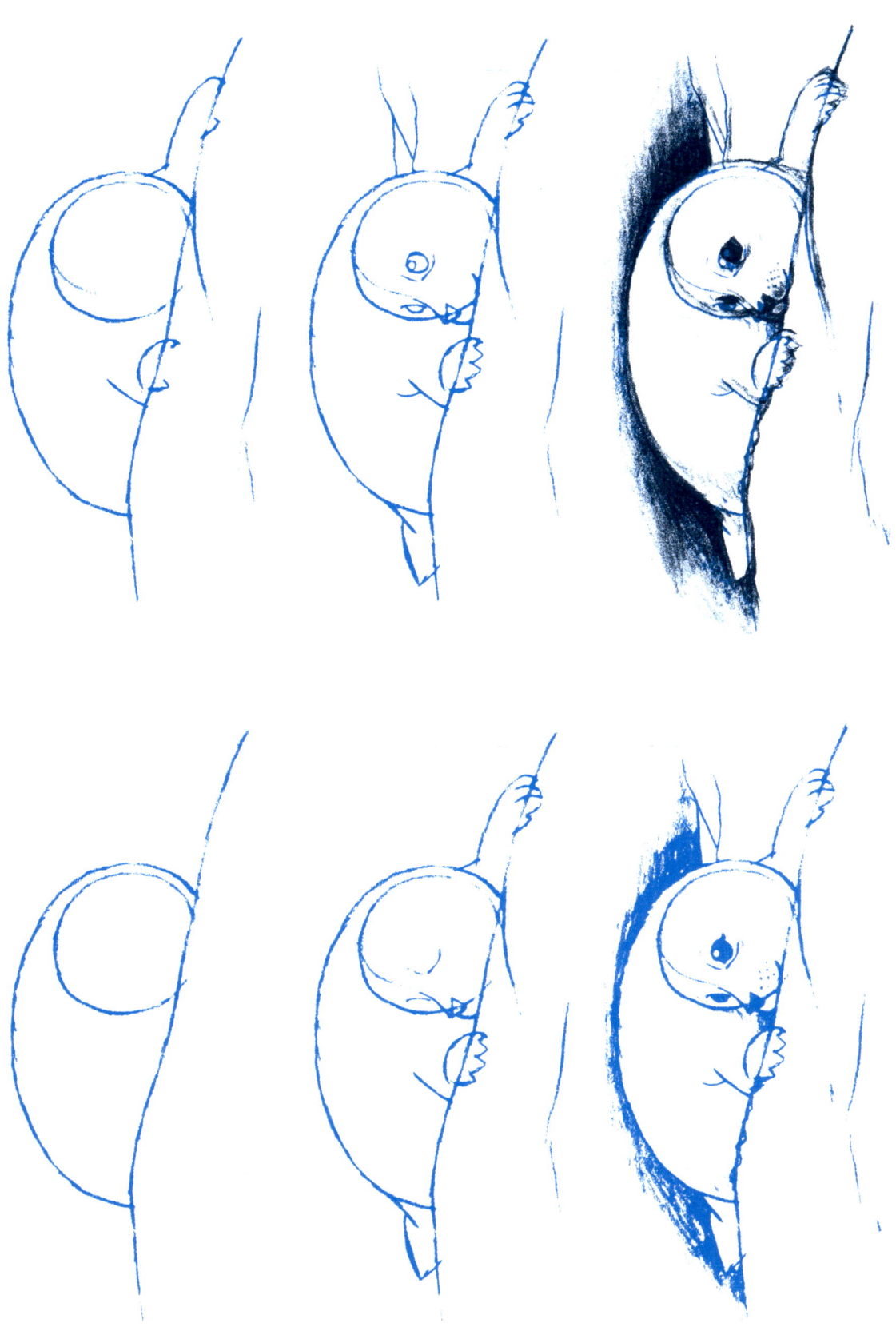

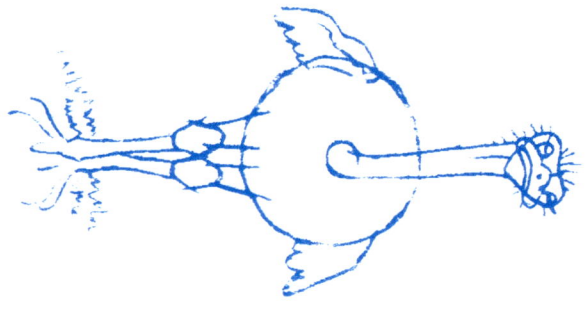

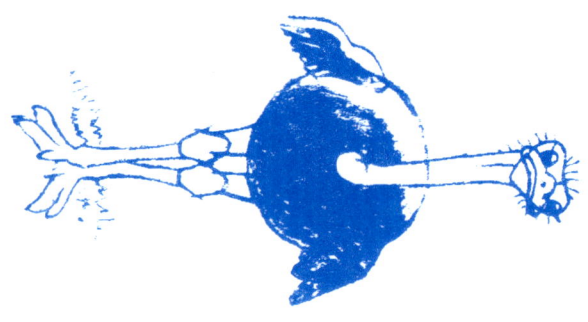
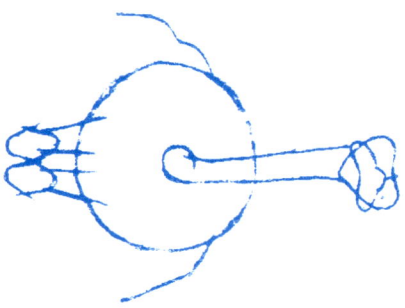

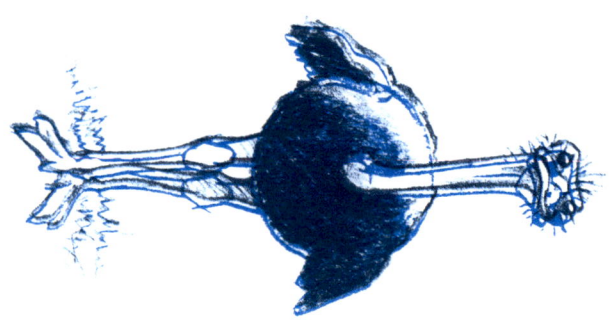
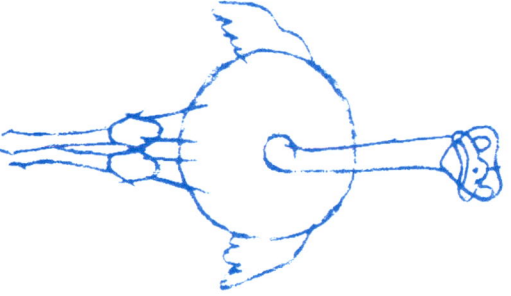

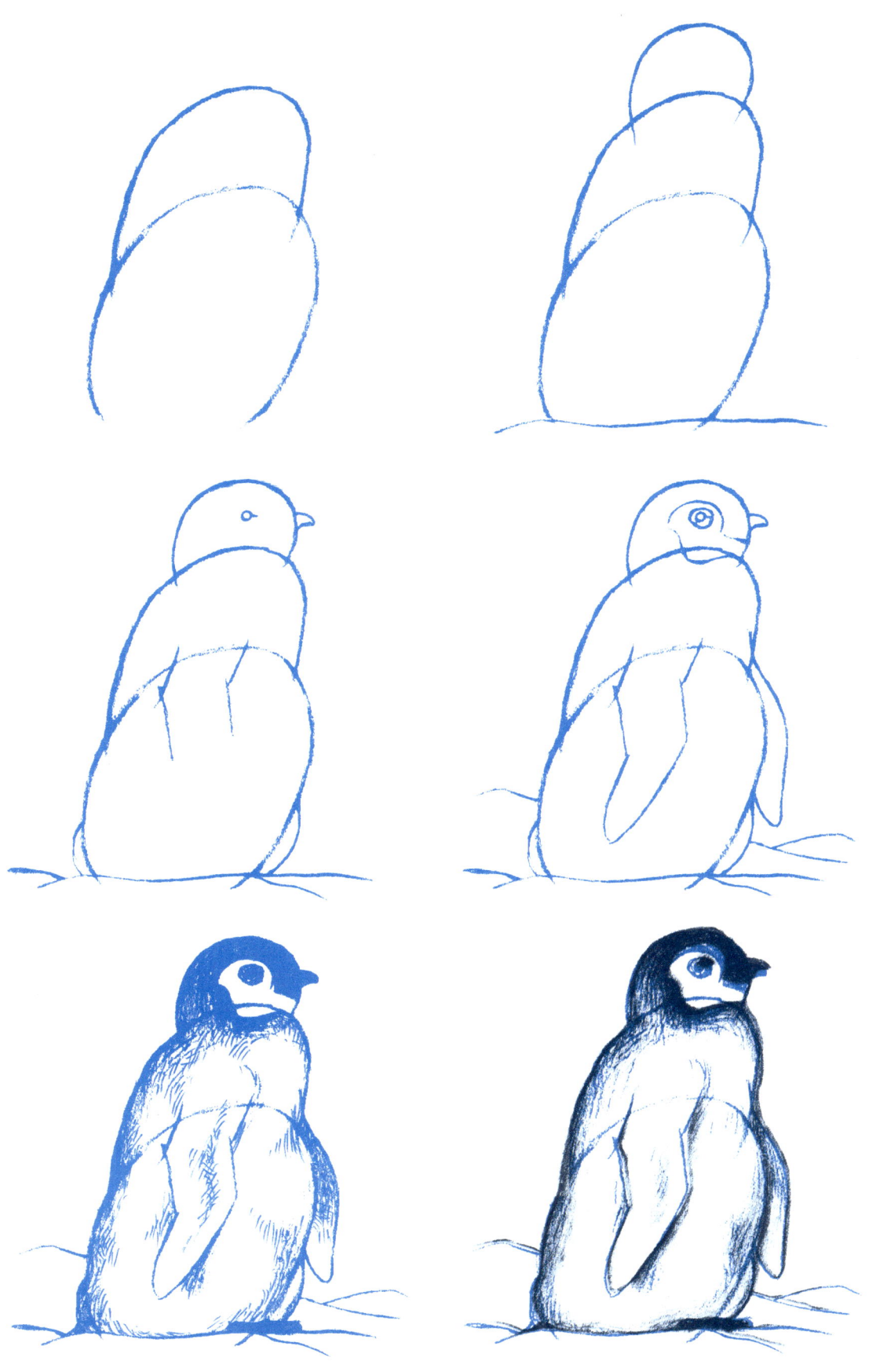

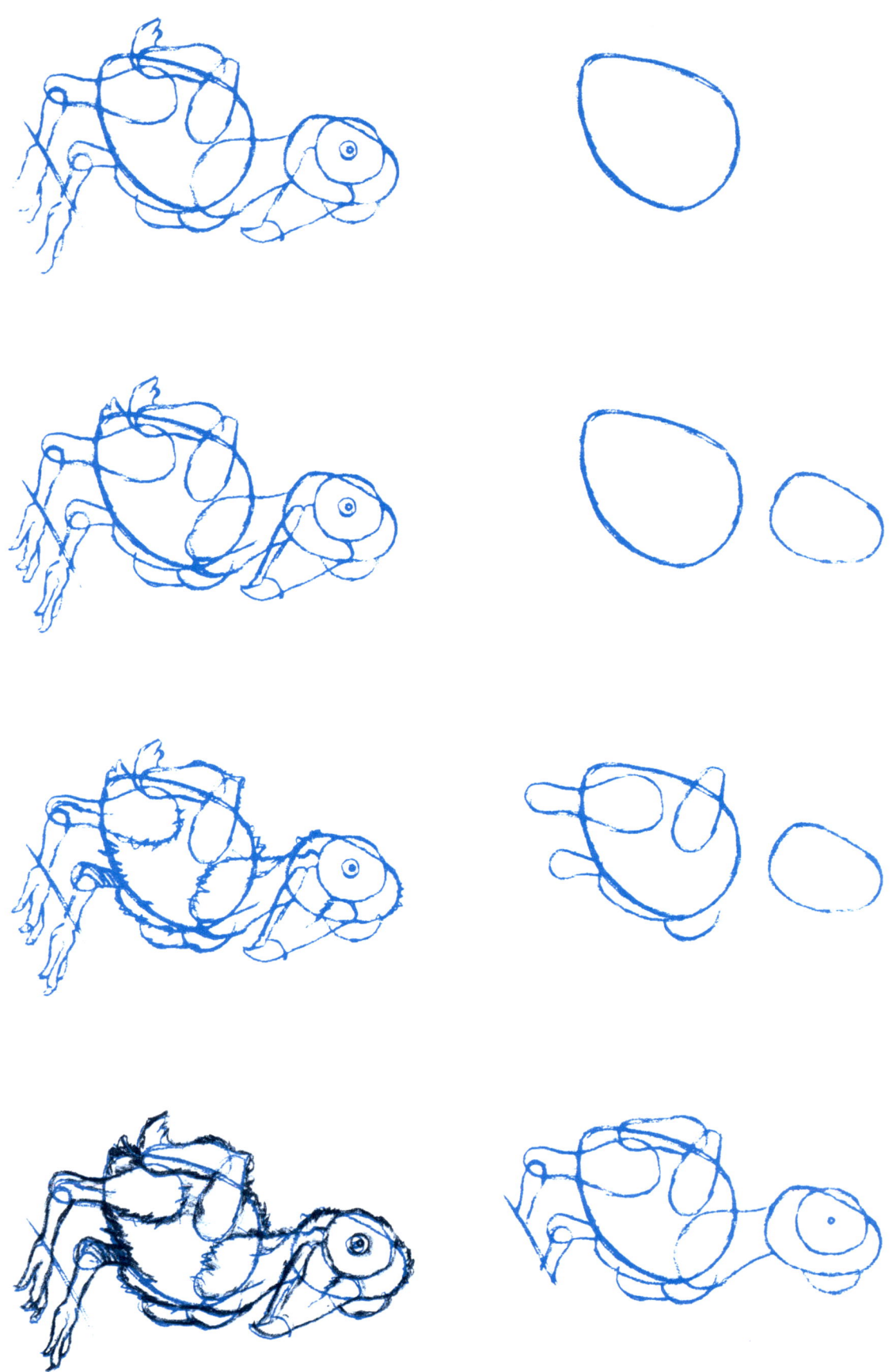

58 Cría de cigüeña

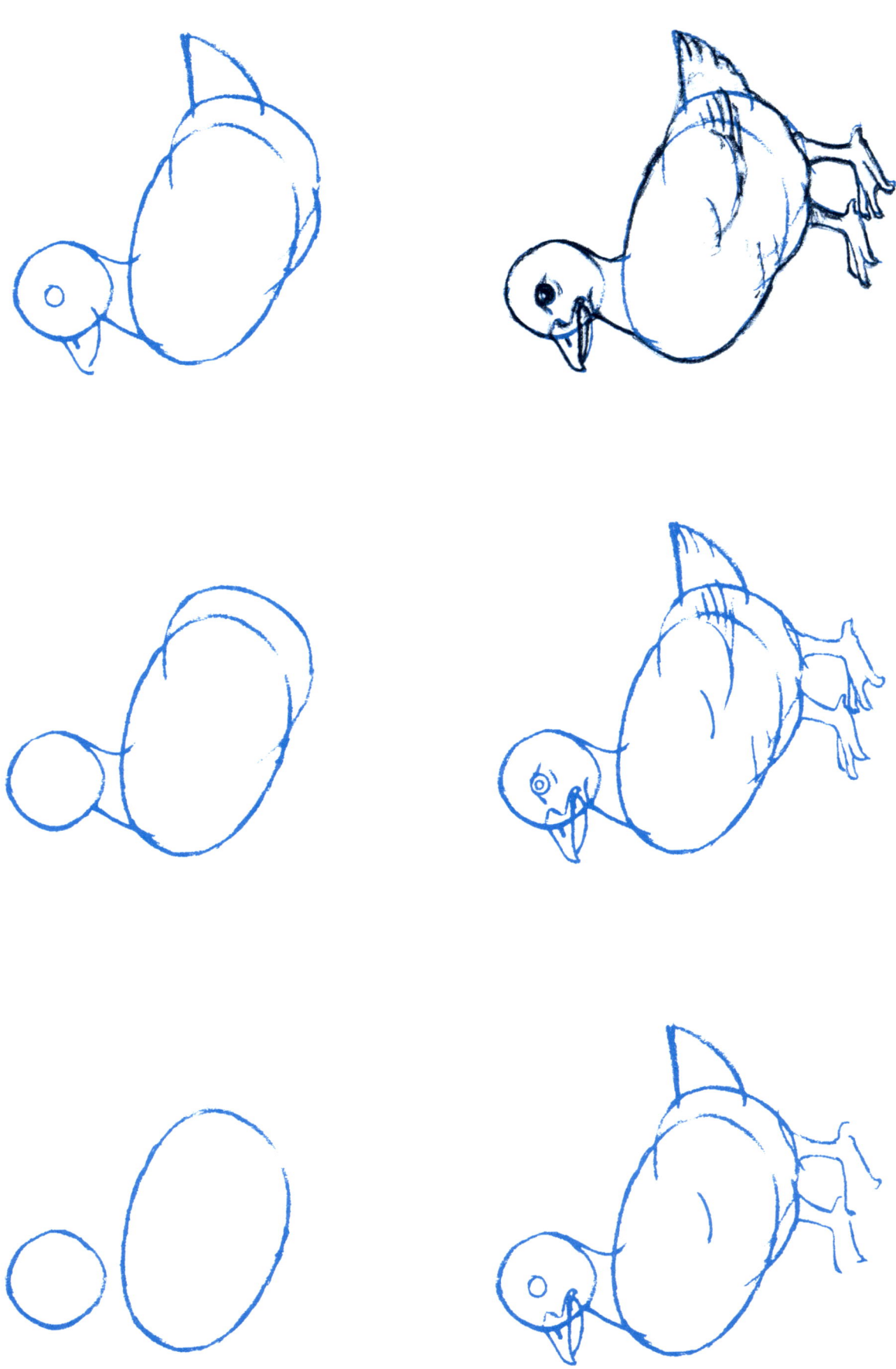

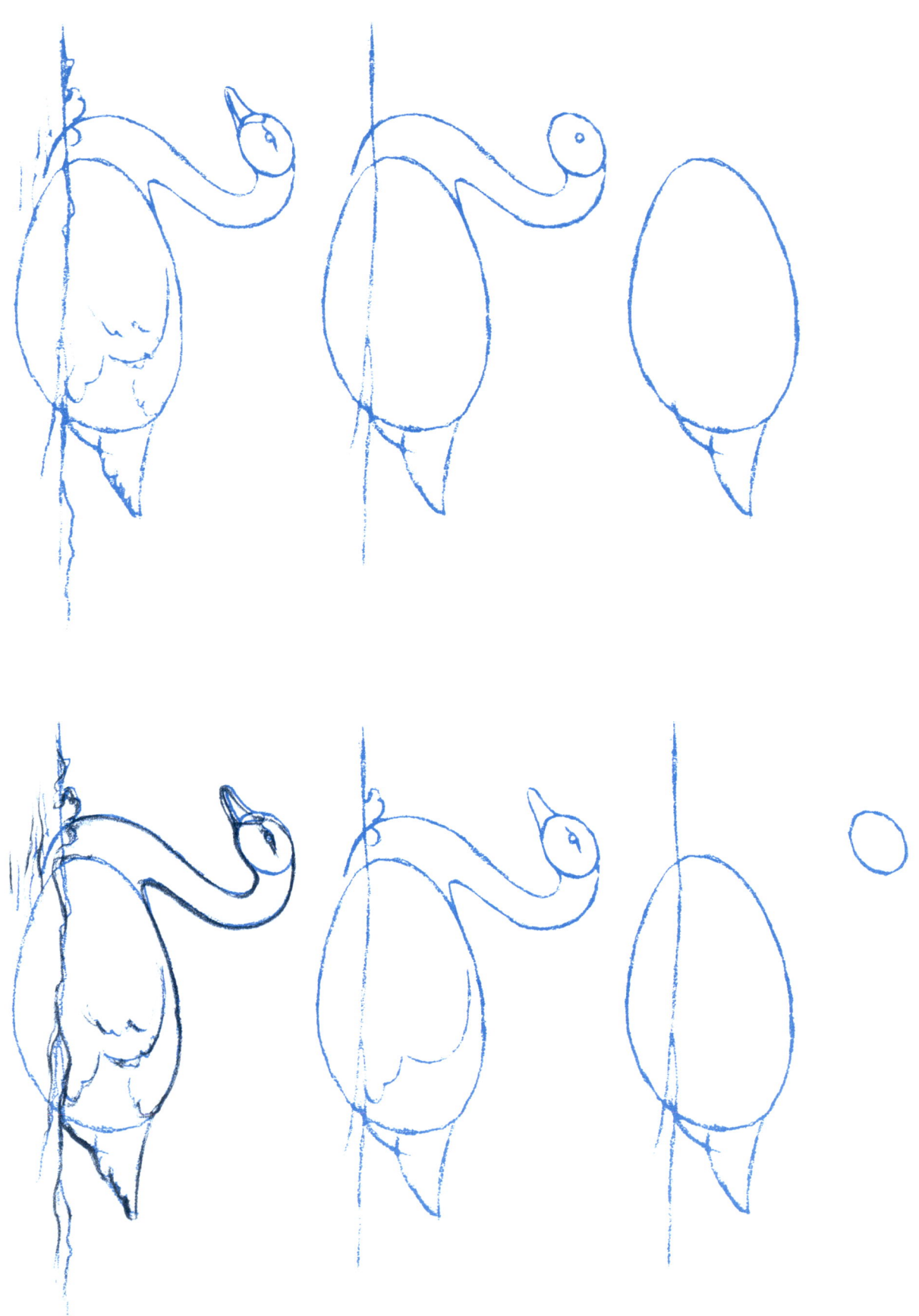

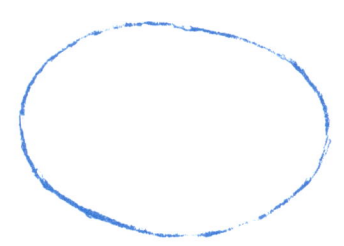
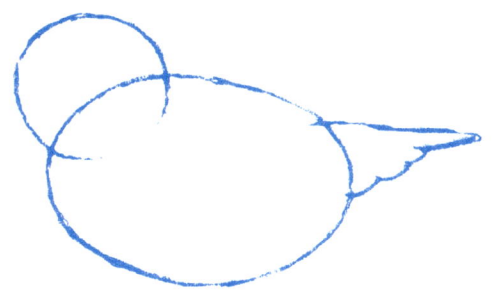
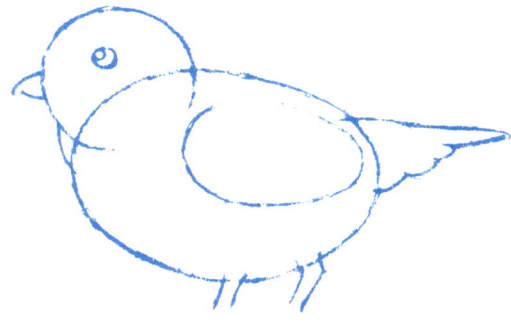
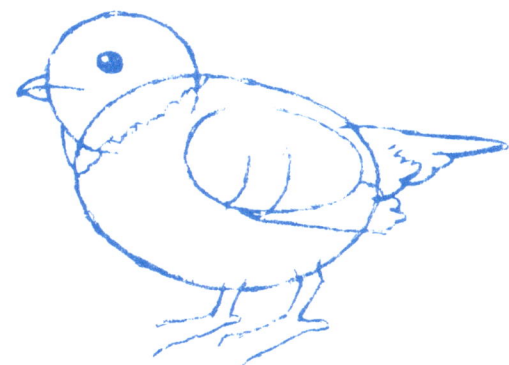
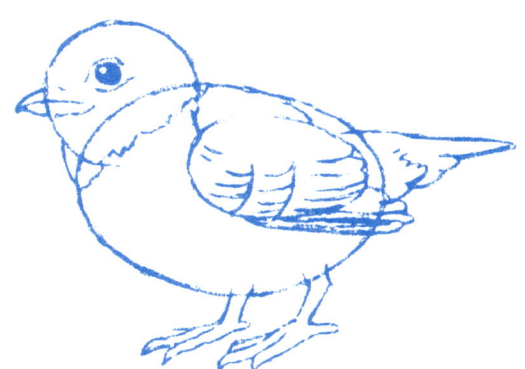
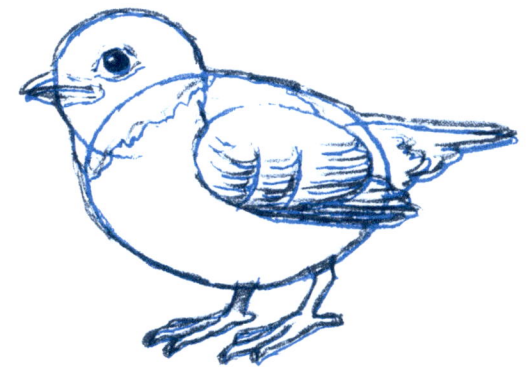

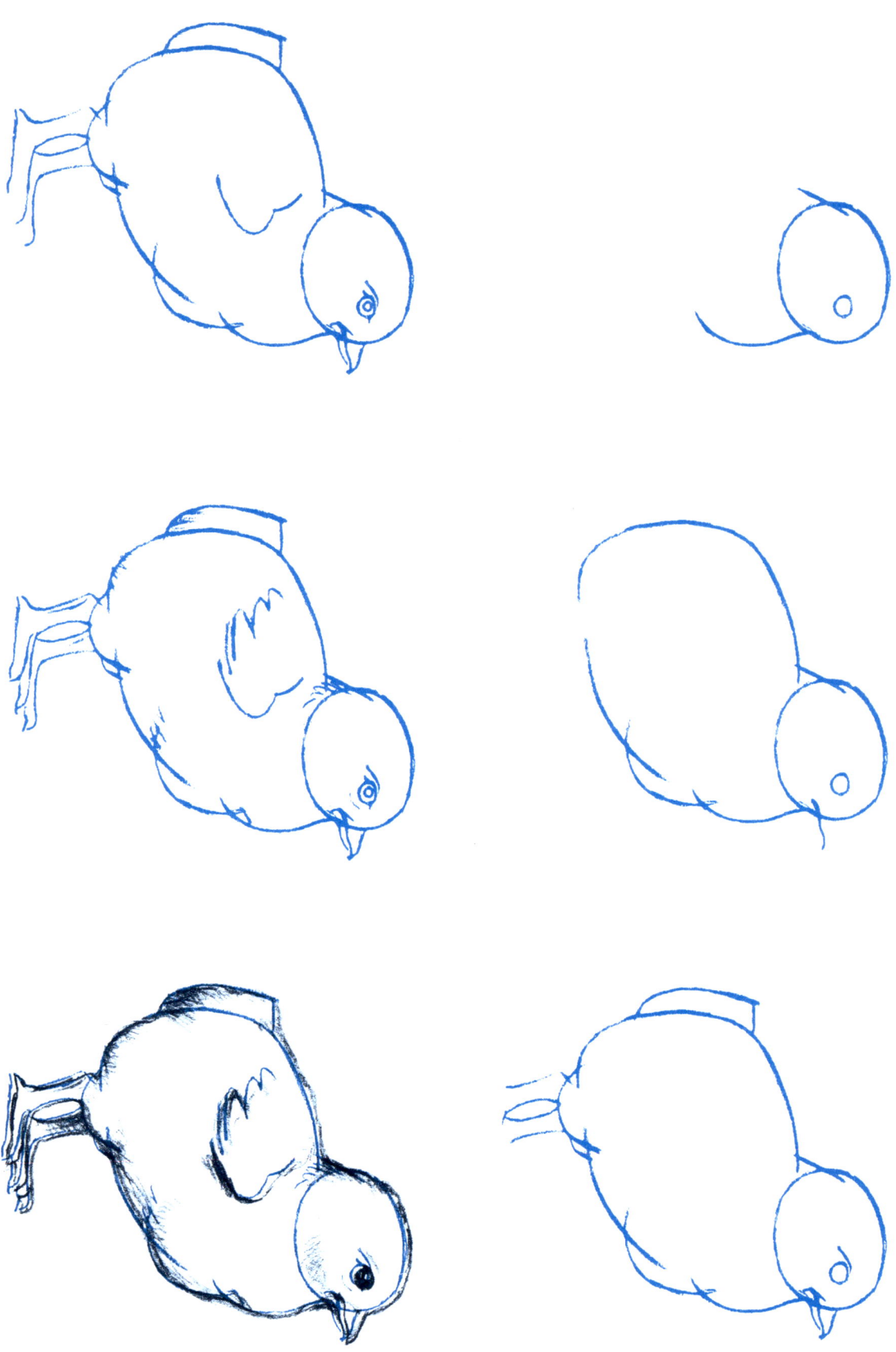

Otros títulos de la colección

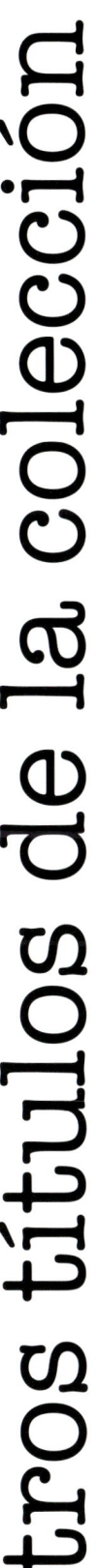

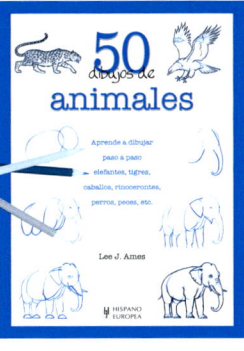

50 dibujos de
animales

Aprende a dibujar
paso a paso
elefantes, tigres,
caballos, rinocerontes,
perros, peces, etc.

Lee J. Ames

HISPANO EUROPEA

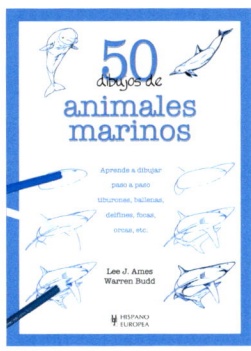

50 dibujos de
animales marinos

Aprende a dibujar
paso a paso
tiburones, ballenas,
delfines, focas,
orcas, etc.

Lee J. Ames
Warren Budd

HISPANO EUROPEA

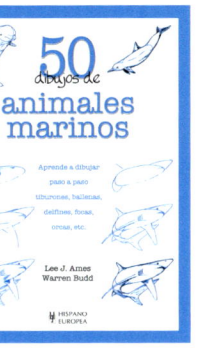

50 dibujos de
animales a proteger

Aprende a dibujar
paso a paso ballenas,
osos panda, gorilas
y otros muchos
animales que podrían
acabar desapareciendo.

Lee J. Ames
Warren Budd

HISPANO EUROPEA

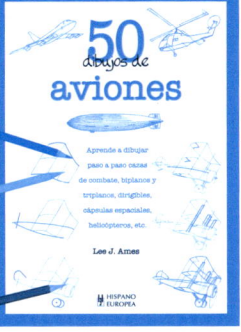

50 dibujos de
aviones

Aprende a dibujar
paso a paso cazas
de combate, biplanos y
triplanos, dirigibles,
cápsulas espaciales,
helicópteros, etc.

Lee J. Ames

HISPANO EUROPEA

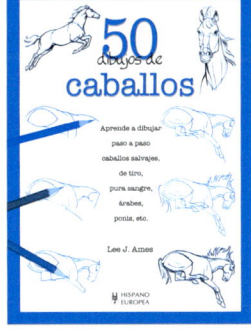

50 dibujos de
caballos

Aprende a dibujar
paso a paso
caballos salvajes,
de tiro,
pura sangre,
árabes,
ponis, etc.

HISPANO EUROPEA

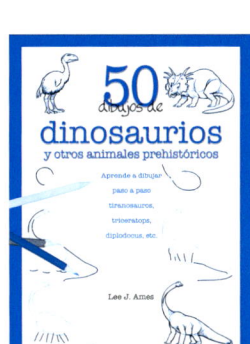

50 dibujos de
dinosaurios
y otros animales prehistóricos

Aprende a dibujar
paso a paso
tiranosaurios,
triceratops,
diplodocus, etc.

Lee J. Ames

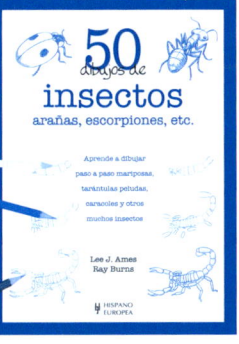

50 dibujos de
insectos
arañas, escorpiones, etc.

Aprende a dibujar
paso a paso mariposas,
tarántulas peludas,
caracoles y otros
muchos insectos

Lee J. Ames
Ray Burns

HISPANO EUROPEA

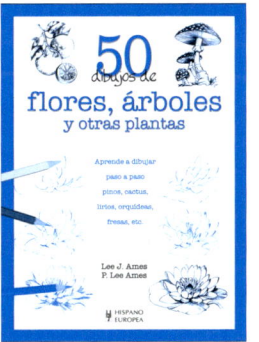

50 dibujos de
flores, árboles
y otras plantas

Aprende a dibujar
paso a paso
pinos, cactus,
lirios, orquídeas,
fresas, etc.

Lee J. Ames
P. Lee Ames

HISPANO EUROPEA

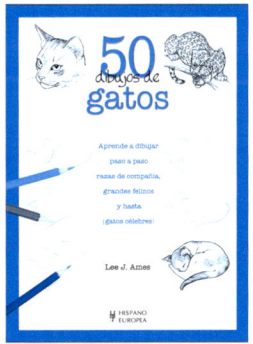

50 dibujos de
gatos

Aprende a dibujar
paso a paso
razas de compañía,
grandes felinos
y hasta
¡gatos célebres!

Lee J. Ames

HISPANO EUROPEA

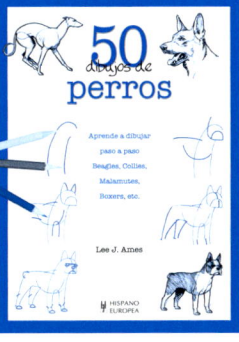

50 dibujos de
perros

Aprende a dibujar
paso a paso
Beagles, Collies,
Malamutes,
Boxers, etc.

Lee J. Ames

HISPANO EUROPEA

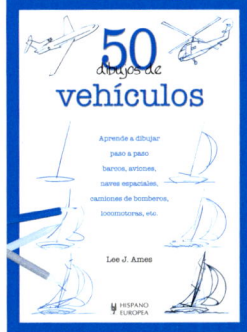

50 dibujos de
vehículos

Aprende a dibujar
paso a paso
barcos, aviones,
naves espaciales,
camiones de bomberos,
locomotoras, etc.

Lee J. Ames

HISPANO EUROPEA

Título de la edición original:
Draw 50 baby animals

Es propiedad, 2003:
© Lee J. Ames
Edición publicada por acuerdo con Broadway
Books, una división de Random House, Inc.

© de la edición en castellano, 2011:
Editorial Hispano Europea, S. A.
Primer de Maig, 21 - Pol. Ind. Gran Via Sud
08908 L'Hospitalet - Barcelona, España
E-mail: hispanoeuropea@hispanoeuropea.com

© de la traducción: Esther Gil

Depósito Legal: B. 926-2011

ISBN: 978-84-255-1982-6

Consulte nuestra web:
www.hispanoeuropea.com

IMPRESO EN ESPAÑA   PRINTED IN SPAIN

T. G. SOLER, S. A. - Enric Morera, 15 - 08950 Esplugues de Llobregat (Barcelona)